E. SAGERET — L. LALLEMENT

# LE 31ᵉ MOBILES

RÉGIMENT DU MORBIHAN

(LORIENT-AURAY-VANNES)

## SIÈGE DE PARIS

(1870-71)

### Essai de Notice Historique

VANNES

IMPRIMERIE GALLES, PLACE DE L'HÔTEL-DE-VILLE

1913

E. Sageret — L. Lallement

# LE 31ᶜ MOBILES

## RÉGIMENT DU MORBIHAN

### (LORIENT-AURAY-VANNES)

## SIÈGE DE PARIS

(1870-71)

### Essai de Notice Historique

VANNES

IMPRIMERIE GALLES, PLACE DE L'HÔTEL-DE-VILLE

1913

Aujourd'hui que l'on commémore les tristes souvenirs de l'année terrible en remettant des décorations aux enfants de la France qui l'ont défendue dans cette guerre néfaste, il est peut-être à propos de réunir sous les yeux des témoins les documents et les récits de leur campagne de 1870-71. Voici plus de quarante ans que ces faits se sont passés. Le recul est suffisant pour qu'on puisse les considérer comme appartenant désormais à l'histoire ; il n'est pas assez grand pour que les impressions ne soient plus encore un peu vivantes dans les souvenirs des acteurs et que la génération adulte à cette époque ait entièrement disparu ; les témoignages oraux n'ont donc pas encore partout couru les dangers d'une transmission de bouche en bouche et ne sont pas encore devenus simplement une tradition.

C'est à M. A. Jaquolot, adjudant du 5ᵉ bataillon de la garde mobile du Morbihan, que nous devons les principaux détails de cet essai historique ou plutôt de cette notice, ainsi que le fil conducteur de tout le récit. En effet, avec des souvenirs encore suffisamment précis, il conserve des notes et documents de la plus grande valeur, tels que les ordres et les rapports des Colonels du 31ᵉ mobiles, et du Chef du 5ᵉ bataillon.

M. Pierre Devier, ancien lieutenant au 2ᵉ, a bien voulu également nous donner de précieux renseignements, encore complétés par le récit fort succinct de l'Historique manuscrit de son bataillon qu'avait rédigé, sous les yeux du Commandant, l'adjudant major Auguste Roques. Ce document se trouve aux Archives du ministère de la guerre.

Nous devons à M. de Camas, fils du Colonel qui organisa le 5ᵉ bataillon, non seulement la communication des magnifiques états de service de son père, mais aussi sa correspondance intime et curieuse pendant le siège.

*D'ailleurs un opuscule, fort intéressant mais très rare, dû à M. Alphonse du Bouëtiez de Kerorguen, capitaine de la 3ᵉ compagnie du 1ᵉʳ du Morbihan, a relaté l'Historique de son bataillon, ou bataillon de Lorient, pendant la campagne. Cette plaquette, parue en 1871 (chez Eug. Grouhel, libraire-éditeur à Lorient, 4, place Bisson), est bien précieuse pour qui désire connaître les faits au travers des impressions encore fraîches et vivantes d'un témoin oculaire, acteur dans le drame. Malheureusement le temps a rendu ce petit livre introuvable. Qu'on nous permette donc pour cela de le citer largement au besoin.*

*Ce qui, au reste, démontre sa valeur, c'est sa parfaite conformité avec l'Historique manuscrit et officiel du 1ᵉʳ bataillon, déposé aux Archives de la guerre et signé par Dauvergne, alors commandant de cette unité. Quoique sèche et laconique, cette notice inédite ajoute quelques précisions à l'opuscule publié par le capitaine du Bouëtiez de Kerorguen, et nous avons pu en profiter.*

*Malheureusement, il nous a été impossible de trouver trace de l'Historique du 5ᵉ bataillon. Il est fort probable que, pour une raison ou pour une autre, il n'a jamais été rédigé. Cette lacune si regrettable a été, il est vrai, comblée, surabondamment sur la plupart des points, mais assez mal sur quelques autres, par les rapports dus à M. Jaquolot et par ses propres souvenirs.*

# LE 31ᵉ MOBILES

REFRAIN DU RÉGIMENT

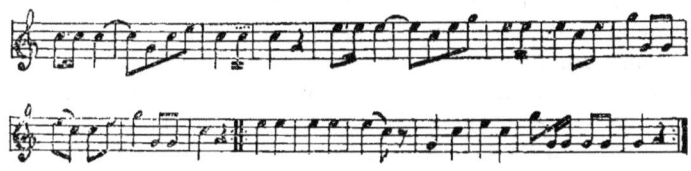

La guerre éclata le 16 juillet 1870 et, dès le lendemain 17, le Corps législatif vota une loi très brève de texte, mais très difficile d'application : « La garde nationale mobile est appelée à l'activité. » Elle existait, en effet, sur le papier, cette garde nationale mobile, mais elle n'était jamais sortie des cartons et des dossiers. D'après les seules précisions que l'on avait arrêtées pour le Morbihan, ce département devait former cinq bataillons indépendants, ainsi répartis : le 1ᵉʳ réservé à l'arrondissement de Lorient ; le 2ᵉ mi-partie à celui de Lorient, mi-partie à celui de Vannes ; le 3ᵉ à l'arrondissement de Pontivy ; le 4ᵉ à celui de Ploërmel ; le 5ᵉ

*Appel et concentration des mobiles à Vannes, à Lorient, à Auray.*

enfin à celui de Vannes. Les contingents encore purement théoriques comprenaient tous les jeunes gens de 20 à 35 ans n'ayant jamais servi et restés dans leurs foyers. Mais, en dehors de ces vagues linéaments posés par la dernière loi de réorganisation de l'armée, c'était le néant absolu.

Aussitôt la loi du 17 juillet votée, le gouvernement s'était occupé de la mettre à exécution et de nommer les officiers supérieurs qui commanderaient les bataillons. En ce qui concerne le Morbihan, son tour n'arriva que dans les premiers jours d'août.

En effet, le 4 de ce mois, un décret nommait trois chefs de bataillon pour la mobile du département : Émile-Paul-Marie Fontan, au 1er bataillon (Lorient) ; Alexandre-Marie de Kerret, au 2e (Lorient et Vannes) ; Armand Filhol de Camas, colonel en retraite, au 5e (Vannes).

Disons ici un mot sur cet officier supérieur qui eut la plus grande part dans l'organisation et l'instruction initiales du 5e bataillon.

Armand Filhol de Camas était issu d'une famille bien connue originaire de l'Agenais mais fixée dans le pays vannetais depuis le milieu du XVIIIe siècle qui, sur terre comme sur mer, s'était souvent illustrée dans le métier des armes. Il était né à Rennes le 25 octobre 1814, et se trouvait par conséquent dans sa 57e année. Nous ne le suivrons pas dans sa brillante carrière militaire, qu'il avait terminée cinq ans auparavant, en 1865, au Mexique, avec le grade de colonel, 32 ans de service et 29 campagnes.

Ainsi, depuis cinq ans, le colonel de Camas, marié, père de plusieurs enfants, savourant vraiment les joies de la famille, se reposait à Vannes, sa ville d'adoption, quand le décret du 4 août 1870, le rétrogradant pour ainsi dire chef de bataillon, le plaça à la tête du 5e de la garde mobile du Morbihan. Pour un vieux militaire aux beaux états de service, à l'avancement brillant, cela eût pu sembler déchoir. Néanmoins, comme nous le verrons, le colonel de Camas remplit ses plus humbles et plus ingrates fonctions avec le zèle du jeune homme nouvellement promu au port de l'épaulette. On ne peut attribuer à cette noble conduite d'autre mobile que la quintessence des vertus militaires : le sentiment du devoir patriotique, l'abnégation obscure et désintéressée du soldat.

Le *Journal de Vannes* ne publia le décret de nomination du 4 août que neuf jours plus tard, le samedi 13. Déjà MM. de Camas et de Kerret s'étaient employés activement à former les cadres de leurs bataillons. C'était le premier point à remplir. Mais aucun des futurs gardes mobiles n'avait servi à quelque titre que ce fût. Voici donc ce que firent les deux nouveaux commandants. Plusieurs personnes qui se trouvaient *sous le coup de l'appel* dans la mobile et qui leur paraissaient suffisamment douées de vigueur, d'intelligence et d'instruction avaient été pressenties par eux. Acceptaient-elles, les commandants envoyaient leurs noms au général commandant la 14e division militaire à Rennes pour les présenter et obtenir leur commission, s'il s'agissait de grades d'officiers. Si ces jeunes gens ne leur semblaient aptes qu'à remplir les fonctions de caporaux ou de sergents, M. de Camas les faisait instruire par des gradés appartenant au dépôt ou au 4e bataillon du 25e de ligne restés à Vannes. Les chefs de bataillon de la mobile recoururent même à la publicité : ainsi le *Journal de Vannes* du 13 août contenait l'*Avis* suivant :

« Des emplois de capitaines, lieutenants et sous-lieutenants
« dans la garde mobile sont encore vacants. — Ces emplois
« peuvent être donnés :
« 1º A des officiers retraités ou démissionnaires ayant
« moins de 55 ans.
« 2º A des officiers de l'armée ayant 30 ans de service.
« 3º A des militaires libérés et à des sous-officiers de
« l'armée ayant 25 ans de service.
« 4º A des appelés ou à des engagés volontaires de la
« garde nationale mobile....
« Les candidats aux emplois dont il s'agit auront à
« adresser une demande écrite à M. le Général commandant
« le département et à y joindre, s'il y a lieu, une copie de
« leurs états de service. »

La veille même de ce jour où avaient paru simultanément dans le *Journal de Vannes* les nominations des chefs de bataillon et l'*Avis* qu'ils y faisaient insérer, se donnait une

petite fête d'adieu et de remerciements due à l'initiative des gardes mobiles de Vannes. Les jeunes gens sur lesquels M. de Camas comptait pour former ses cadres de sous-officiers et de caporaux apprenaient, depuis plusieurs jours déjà, le maniement des armes et la théorie militaire. Leurs instructeurs étaient, comme nous le disions, des gradés appartenant au dépôt ou au 4e bataillon du 25e de ligne restés en garnison à Vannes. — « On a pu les voir se rendre
« matin et soir — écrivait un reporter du journal local —
« avec une régularité toute militaire, soit au quartier d'in-
« fanterie, soit au champ de manœuvre. En quelques leçons,
« ils ont appris le maniement du chassepot, et certes, s'ils
« avaient un uniforme quelconque, beaucoup de leurs
« pelotons ressembleraient bien plus à de vieilles troupes
« qu'à des conscrits (1). » — Mais le départ des dernières unités du 25e de ligne devenait de jour en jour plus prochain. On en parlait comme d'une chose tout à fait imminente, tellement que, le vendredi 12 août, les conscrits volontaires de la garde mobile offrirent aux officiers du 25e un punch d'adieu sous la vaste halle aux grains nouvellement construite. Le préfet, Lempereur de Saint-Pierre, le général de brigade Hardy de la Largère, commandant la subdivision, le maire de la ville, Aché, y assistaient à titre d'invités. Ce fut une manifestation patriotique d'un enthousiasme peut-être un peu trop exubérant et théâtral, comme on en faisait presque partout à ce moment. L'orphéon attaqua la *Marseillaise* à grand orchestre et même un des orphéonistes, doué d'une belle voix sonore, M. Burban, le drapeau national à la main, se mit à en chanter tous les couplets, tandis que l'assistance reprenait en chœur le refrain. M. Bourdonnay, de la douane, qui sera plus tard, un moment, lieutenant à la 2e compagnie du 5e, porta au nom de la garde mobile un toast aux officiers du 25e pour les remercier de l'obligeance et du zèle avec lesquels ils avaient concouru à l'instruction militaire de ses camarades. — Échange de discours, vibrantes clameurs patriotiques, le tout entremêlé du rugissement belliqueux des cuivres, constituèrent, pour le reste, l'ensemble de la cérémonie. — Peu de jours après, les derniers soldats du 25e partaient par voie ferrée pour la frontière.

(1) *Journal de Vannes*, N° du 13 août 1870.

Cette semaine du dimanche 14 août au samedi 20, M. de Camas se trouva donc fort embarrassé pour continuer l'instruction militaire de ses cadres. Il ne restait plus aucun gradé de l'armée régulière. Les casernes de la Visitation (1) et de Nazareth (2) étaient désertes ou peu s'en faut. Heureusement une ressource inopinée se présenta. Le 11 août, avait paru à l'*Officiel* la loi du 10 relative à l'augmentation des forces militaires. Son article 2 stipulait que, pendant la durée de la guerre, tous les citoyens de 25 à 35 ans, veufs, sans enfants, ou non mariés, *ayant servi plus ou moins longtemps dans l'armée, étaient rappelés sous les drapeaux.* L'autorité militaire devait prendre d'urgence les mesures nécessaires pour qu'ils fussent dirigés immédiatement sur les différents corps de l'armée. On pouvait, par conséquent, moyennant autorisation du Général commandant la subdivision, les enrôler dans la garde mobile. M. de Camas eut vite démêlé le parti qu'avec du savoir-faire il pouvait en tirer. — « Il se fit, — dit M. Jaquolot, — racoleur. On le vit plusieurs jours de suite à la gare de Vannes, guettant à l'arrivée de tous les trains les anciens militaires, — il en connaissait un certain nombre, — et il promettait des grades à ceux qui voudraient servir dans son bataillon : galons de caporaux aux soldats, galons de sous-officiers aux caporaux. Sa tactique eut du succès. Grâce à M. de Camas, à défaut d'hommes exercés, le 5e bataillon posséda dès le début un bon cadre de sous-officiers et de caporaux. »

Il était temps, car dès le jeudi de cette semaine, 18 août, on placarda l'arrêté préfectoral, ainsi conçu, qui appelait sous les drapeaux la garde nationale mobile du Morbihan.

« Le Préfet du Morbihan,

« En vertu des pouvoirs qui lui ont été délégués par les « Ministres de l'Intérieur et de la Guerre

ARRÊTE :

« Art. 1er. — Tous les jeunes gens des classes de 1865,

(1) Actuellement « des Trente ».
(2) Actuellement « Dubreton ».

« 1866, 1867, 1868 et 1869 compris sur les contrôles de la
« garde nationale mobile du département du Morbihan se
« réuniront savoir :

« Le lundi 22 courant, à Lorient : les cantons de Lorient,
« Port-Louis, Pont-Scorff, Plouay et Belz.

« Le lundi 22 courant, à Vannes : les cantons d'Allaire,
« Elven, la Gacilly, Muzillac, Questembert, la Roche-Bernard,
« Vannes (est).

« Le mardi 23 courant, à Vannes : les cantons de Vannes
« (ouest), Grandchamp, Sarzeau, Auray, Hennebont, Le
« Palais, Pluvigner, Quiberon.

« Le lundi 29 courant, à Ploërmel : tous les cantons de
« cet arrondissement.

« Le lundi 29 courant, à Napoléonville : tous les cantons
« de cet arrondissement.

..........................................................

« Il n'est point adressé d'ordres individuels aux gardes
« mobiles. La publication de mon arrêté tiendra lieu de noti-
« fication. »

Entre temps, un premier départ avait eu lieu. Le ministre
de la Guerre ayant demandé à tous les corps organisés de
sapeurs-pompiers quelques volontaires pour la capitale, la
compagnie de Vannes avait répondu à son appel et mis
50 hommes à sa disposition. Tous les officiers s'étaient pro-
posés au choix du maire. Celui-ci désigna, pour commander
le détachement, le lieutenant de pompiers Ernest de Lamarzelle qui, d'ores et déjà, figurait sur les cadres du 5e bataillon
de la mobile morbihannaise. Le mercredi 17 août, ces braves
gens étaient partis pour Paris par le train de 7 h. 20 du
matin. Ils ne tardèrent d'ailleurs pas à revenir.

Le lundi 22 août, affluèrent à Vannes les jeunes gens ins-
crits sur les contrôles de la garde mobile du 5e bataillon et
convoqués par l'arrêté préfectoral du 18.

Officiers et sous-officiers s'employèrent aussitôt, sous la
direction de M. de Camas, à maintenir le bon ordre dans
cette foule un peu confuse de quinze cents hommes au moins
et à les répartir en compagnies suivant leurs cantons d'ori-

gine : huit cantons, huit compagnies dont chacune eut pour numéro la place que le canton où elle se recrutait avait dans l'ordre alphabétique. Ainsi le canton d'Allaire donna la 1re compagnie ; celui d'Elven la 2e ; celui de La Gacilly la 3e ; celui de Muzillac la 4e ; celui de Questembert la 5e ; celui de La Roche-Bernard la 6e ; celui de Rochefort-en-Terre la 7e ; celui de Vannes (est) la 8e. Tout se passa pour le mieux. Les braves gens des campagnes montraient une grande bonne volonté, autant de discipline même qu'on pouvait en attendre de gens inexpérimentés et un peu gauches. Aussi une première organisation sommaire put-elle être esquissée dans cette journée, grâce à MM. de Camas, Toupriant, Bassac, Laduré, Peyron, Penhouët, d'Andigné, du Cosquer, Caradec, de Keyser, Jaquolot et plusieurs autres.

Ce jour même, on précédait à Lorient d'une façon identique. Le vice-amiral d'Herbinghem, préfet maritime, y salua par quelques mots émus et cordiaux cette jeunesse tout à fait inexpérimentée dans le métier des armes, qui s'assemblait sous ses yeux :

« Mes chers amis, — disait-il, — soyez les bienvenus dans la ville de Lorient. Vous êtes les enfants de cette ville, de ses faubourgs et des cantons qui l'avoisinent, vous êtes ici chez vous au milieu de vos amis et de vos frères.

« Vous prouverez, je n'en doute pas, par votre attitude calme et résolue, par votre respect pour la discipline, que vous savez apprécier l'avantage d'être accueillis par une famille qui vous reçoit comme ses enfants.

« Amis, la France vous appelle pour défendre son territoire souillé par l'étranger.

« Hâtez-vous d'apprendre à combattre ; un Breton qui ne connaît pas le maniement des armes est déjà un soldat redoutable ; vos pères l'ont prouvé. Un Breton qui sait s'en servir est un soldat invincible.

« A l'œuvre donc, mes braves Bretons, apprenez vite, allez-y de bon cœur ! Vous avez à votre tête un brave et solide Commandant, digne de vous conduire au feu ; des officiers qui vous donneront l'exemple du dévouement et du courage. Bientôt, vous serez en état d'affronter les champs de bataille ; vous irez prendre place dans nos héroïques armées ; et, quelle que soit la vaillance de vos frères d'armes, le bataillon de Lorient saura se distinguer parmi les plus intrépides et le pays sera fier de ses nobles enfants (1). »

Le mardi 23 août, ce fut à M. de Kerret, assisté par MM. Henry de Cadoudal et son cousin Georges, — ce dernier fils de l'écrivain morbihannais, petit-neveu du célèbre Georges, — Saulnier, Audran, Hémelot, de Francheville, Devier, etc., de recevoir et classer les hommes destinés au second bataillon. Ceux-ci furent pareillement répartis en huit compagnies ainsi composées et numérotées : 1re canton d'Auray ; 2e d'Hennebont ; 3e de Belle-Ile ; 4e de Pluvigner ; 5e de Quiberon-Carnac ; 6e de Grandchamp ; 7e de Sarzeau ; 8e de Vannes (ouest).

Il se trouva que toutes les compagnies comprenaient chacune une moyenne d'environ deux cents hommes. Le logement de ces deux bataillons avec leurs trois mille gardes mobiles ne suscita pas de grosses difficultés, car les établissements d'instruction se trouvaient alors tous vides : on était en pleine période de vacances. Le collège Saint-François-Xavier, le collège communal, les bâtiments des Frères des Écoles chrétiennes, le grand séminaire, la halle aux grains, suffirent largement pour caserner ces troupes : d'ailleurs la halle aux grains, nouvellement construite, en reçut la plus grande part ; plus de huit cents hommes y furent logés.

Il s'agit ensuite d'équiper et d'armer les nouveaux soldats ; c'est ce dont on s'occupa pendant le restant de la semaine. Malheureusement une chose très regrettable ne simplifia que trop cette opération ; il n'existait aucun magasin, aucun uniforme même pour habiller les mobiles. C'est bien juste si le modèle en avait été officiellement fixé, et tout porte à croire que le type prévu et arrêté concernait seulement d'une façon explicite la garde nationale de Paris. Quoi qu'il en soit, dans le Morbihan, les officiers seuls et peut-être aussi quelques sous-officiers avaient arboré une tenue uniforme faite à leurs frais. Les hommes restèrent donc en costume de campagne ou autres vêtements civils.

M. de Camas, qui connaissait tous les officiers de la garnison, put toutefois, mais non sans peine et après de nombreuses démarches, pourvoir tous ou presque tous les

---

(1) *Journal de Vannes,* No du 27 août 1870.

mobiles du 5ᵉ bataillon de vieux fusils à piston, restés dans les magasins de la caserne quand la Ligne eut été armée des fusils dits Chassepot. Ces armes à feu déjà un peu antiques ne différaient en somme des fusils à pierre de la Restauration que par leur rayure et l'amorce fulminante substituée à l'ancienne amorce de poudre fine. — Quelque vieux que fût leur type, il n'y en eut néanmoins pas suffisamment pour armer le 2ᵉ bataillon. Peut-être aussi son chef ne s'ingénia-t-il pas assez pour en obtenir et en fournir son unité.

Les états nominatifs des compagnies ne furent arrêtés définitivement que le vendredi 26 août. Plusieurs hommes, en effet, appartenant à la garde mobile du Morbihan, étaient arrivés un peu auparavant des départements voisins. Donc ce vendredi 26 août, le commandant de Camas rédigea son premier ordre-rapport pour le 5ᵉ bataillon. Il convoquait au bureau du Major, à dix heures du matin, les hommes venus de Nantes et d'Angers; il prescrivait encore à ses officiers de se réunir dès midi et demi au collège communal — aujourd'hui collège Jules Simon. Dorénavant, ils s'assembleront tous les jours, à la même heure et au même lieu, pour y recevoir les instructions et les ordres de leur Commandant, y entendre ses avis et ses conférences militaires. Aux termes de ce premier rapport, le Commandant se fit en même temps remettre les feuilles de prêt et prévint les hommes que la franchise postale était accordée à toute lettre qui serait adressée à un militaire de la mobile.

Trois jours après, ou le lundi 29, commençait cette semaine de catastrophes à la fin de laquelle la dernière armée de la France aura été détruite dans le terrible coup de filet de Sedan, le régime impérial renversé dans la tourmente et une nouvelle révolution faite devant l'ennemi. Le lundi 29 août, les mobiles du 5ᵉ bataillon commencèrent à s'exercer et à se familiariser avec leurs armes; le rapport de ce jour porte en effet : première partie de l'école du soldat. Le mardi, c'est un cours de théorie pratique, fait par le capitaine Laduré pour les sous-officiers, qui s'inaugure dans la cour du collège communal. Le mercredi, dernier jour du mois, il est fait une nouvelle répartition des troupes du 5ᵉ bataillon entre les locaux disponibles. La 1re compagnie cantonnera dans l'école Saint-François-Xavier ; la 2e se partagera entre les nouvelles halles aux grains et le tribunal, tout proche ; les 3e, 4e, 5e et 6e s'installeront aux halles ; les 7e et 8e au grand séminaire. C'est pourquoi, à l'appel d'onze heures et demie, les hommes portant les draps et les couvertures dont ils avaient été pourvus, procédèrent à leurs déménagements respectifs. — La plus grande propreté était recommandée dans les chambres ou, si l'on préfère, dans les lieux de casernement. Les intervalles entre les lits de camp devaient être parfaitement balayés. C'est à cette date que remontent encore les premières situations journalières de chaque compagnie, indiquant par grades les présents, les absents, les manquants à l'appel. A chacune d'elles fut joint « un état des anciens « militaires, officiers, sous-officiers, caporaux et tambours, « qui, appelés à l'activité en vertu de la loi du 10 août, ont « été maintenus dans la garde nationale mobile comme « instructeurs ou à tout autre titre. »

Le lendemain est le jeudi 1er septembre. Ce jour-là, les officiers de la garde mobile touchent leurs premiers appointements chez le trésorier ; et le soir, à sept heures et demie, a lieu la petite réception familiale à laquelle ils ont été invités la veille par M. de Camas. Au même moment, tout là-bas dans le Nord, se déroulaient — douloureuse et poignante concordance ! — les dernières péripéties de la désastreuse bataille de Sedan. La très modeste fête que le chef du 5e bataillon offrait à ses officiers avait pour motif que l'ancien colonel du 95e, rétrogradé chef de bataillon le 4 août, était redevenu lieutenant-colonel le 28. Voici à quelle occasion : tandis que l'on incorporait les mobiles de la Seine dans l'armée du maréchal de Mac-Mahon, en formation au camp de Châlons, le Ministre de la Guerre avait décidé de constituer un certain nombre de *régiments provisoires* ou *régiments de marche* avec les bataillons de mobiles, jusque-là considérés comme entièrement indépendants. Les 1er, 2e et 5e bataillons du Morbihan, réunis, devaient en former un, sous le No 31. M. de Camas venait d'être nommé chef de ce régiment, créé par décret du 28 août 1870, avec le grade de lieutenant-colonel. Le capitaine Toupriant prit alors le commandement du 5ᵉ bataillon qui, par suite de cette désignation, n'avait plus de chef.

On peut dire qu'en principe M. de Camas quittait désormais cette unité qu'il avait tant contribué, pour ainsi dire, à créer. Il s'était depuis plus de trois semaines dévoué corps et âme à cette œuvre, surveillant tout, s'occupant des moindres détails, activant l'instruction qui progressait vite. Mais, du jour où il était nommé lieutenant-colonel, commandant le 31ᵉ régiment provisoire, il ne devait plus, en théorie, s'immiscer dans ces questions. En effet, les bataillons continuèrent à constituer des unités indépendantes, comme ceux des chasseurs à pied, tant au point de vue de l'instruction et du commandement qu'au point de vue administratif.

Ainsi que leur nom l'indiquait, les nouveaux *régiments de marche* ne devaient exister qu'en colonnes et au point de vue tactique. Les lieutenants-colonels étaient en somme de petits généraux de brigade et les chefs de bataillon restaient chefs de corps. Mais, en réalité, comme le chef de bataillon n'était pas nommé, M. de Camas continua de s'occuper plus particulièrement du 5ᵉ bataillon et de le diriger officieusement.

C'était alors un fait ignoré, mais dont la certitude allait sous peu rudement s'imposer : ces jeunes gens qui, encore vêtus d'habits civils plus ou moins disparates, armés de fusils à piston, s'exerçaient sur les diverses places de Vannes et dans la cour du collège communal, comptaient désormais dans le dernier espoir de la France. Leur instruction avait été menée aussi rondement que possible, mais il est clair que, de toutes façons, elle ne pouvait être très avancée.

Les mobiles se mettaient en ce moment à apprendre la *charge en douze temps*, la même à peu de chose près que les anciens soldats de l'armée royale enseignaient aux volontaires de la Révolution, que les grognards de la garde impériale exécutaient dans les parades ou devant l'ennemi, sous les yeux du Petit Caporal.

Cependant les compagnies commençaient à s'organiser définitivement. On était au fort d'un remaniement général, ce qui engageait les deux bataillons, le 2ᵉ et le 5ᵉ, à se donner les coudées franches. De plus, ils avaient pris assez de consistance pour se mouvoir indépendamment l'un de l'autre. Or, comme dès le début ils se gênaient quelque peu, l'autorité militaire avait décidé que le 2ᵉ irait s'installer à Auray. Cela lui occasionnerait une marche d'entraînement et permettrait de voir s'il pouvait circuler avec quelque ordre sans trop de difficultés ; les capitaines pourraient en même temps sélectionner leurs soldats au point de vue de l'aptitude physique.

M. de Kerret partit donc avec sa troupe le vendredi 2 septembre. Aux premières lueurs du jour, elle se réunit sur la place du Champ de Foire, et à cinq heures elle s'ébranlait, défilant « dans un ordre excellent » sous les yeux du lieutenant-colonel de Camas, — dit le *Journal de Vannes*, — mais sans armes et sans autre uniforme que « le costume traditionnel de la Bretagne » (1).

Ce que les officiers du 2ᵉ allaient être à même de faire pour leur bataillon, les capitaines du 5ᵉ devaient en même temps l'entreprendre à Vannes.

Le rapport de ce jour demandait aux commandants de compagnie des notes au crayon indiquant, d'une part, le chiffre exact des hommes bons pour la marche et, de l'autre, celui des non-valeurs de toute espèce qu'ils avaient sous leurs ordres et dont la réunion constituerait le dépôt. On devait en même temps passer une revue des effets que les gardes mobiles possédaient comme chaussures et chemises ; on exigeait que pour le départ ils eussent deux bonnes paires des unes et des autres.

Le lendemain, le dépôt du 5ᵉ bataillon se constituait avec les malingres et les mauvais marcheurs, à la place de la 8ᵉ compagnie. Les deux autres bataillons, le 1ᵉʳ à Lorient, le 2ᵉ à Auray, procédèrent identiquement de la même façon. Le régiment du Morbihan eut ainsi, conformément aux ordres reçus, un dépôt formé de trois compagnies et, par ailleurs, un médecin aide-major et un officier-payeur par bataillon.

A Vannes, les soldats valides et vigoureux de la 8ᵉ, devenue dépôt, furent répartis entre les sept autres, que l'on égalisa par des diminutions ou des augmentations au chiffre approxi-

---

(1) *Historique manuscrit du 2ᵉ bataillon du régiment du Morbihan*. Archives du Ministère de la Guerre.

matif de 153 hommes ; le surplus était versé au dépôt. On prévint alors ceux qui savaient sonner de la bombarde et du biniou qu'on les engageait à emporter leurs instruments. Ils pourraient ainsi de temps à autre relever le moral de leurs camarades, en leur rappelant par leur musique la patrie absente, avec ses noces et ses assemblées, et en les conviant même, par leur rythme entraînant, à danser les vieilles rondes de leurs villages.

Le samedi, 3 septembre, de nombreuses permissions furent accordées pour le lendemain ; le capitaine Toupriant, faisant fonction de commandant, en avait promis à tous ceux qui en demanderaient. En effet, personne ne doutait que l'heure du départ n'approchât.

Le désastre de Sedan était presque universellement connu et, dans la pensée générale, ce dimanche devait être le dernier que le 31e passerait à Vannes. Ce jour fut donc un jour d'adieux. Or, tandis que les petits mobiles du Morbihan jouissaient tous du repos dominical, plus ou moins tristement sans doute, une poignée de députés renversaient dans la capitale le gouvernement établi et inauguraient un nouveau régime.

Evidemment cette révolution, peu sanglante et presque insignifiante comme émeute et même comme échauffourée, devait avoir des conséquences très graves au point de vue de la lutte contre l'ennemi. Plus que jamais il fallait se préparer. C'est ce que l'on fit activement pendant la semaine suivante. L'instruction continuait : réunion fréquente sinon quotidienne des officiers à midi et demi, au collège communal ; exercice chaque jour, ou, en cas de pluie, théorie dans les casernements. D'un autre côté, on n'oubliait pas ce qui concernait l'administration et les écritures — chose toujours importante. — Le 5 septembre, les fourriers étaient invités à aller prendre les livrets des hommes chez M. Cravin, le capitaine-major ; le 8, ils étaient prévenus que les cahiers d'ordinaire devaient être arrêtés et remis au capitaine faisant fonction de commandant, le dimanche 11, à midi.

Tout le monde croyait que ce jour-là, le 5e serait loin de Vannes, à Paris, où tout le monde commençait à conjecturer qu'il irait. Le vendredi 9 septembre, on paraît convaincu que l'ordre de mise en route arrivera le jour même ou le lendemain au plus tard. Les commandants de compagnie reçoivent la consigne de verser au dépôt tous les hommes absents, quelle que soit leur position. Le samedi 10 septembre, rien encore. Ce retard semble étonner quelque peu officiers et soldats. Les premiers remettent le jour même au Préfet une pétition par laquelle ils demandent à être « dirigés le « plus promptement possible sur les points menacés par « l'ennemi (1) ». Leurs hommes semblent d'ailleurs, depuis quelques jours, s'énerver un peu. Certains se sont livrés à des actes de gaminerie pillarde ; ils ont imaginé de dévaliser des jardiniers portant sur la tête des paniers de fruits. Aussi la plainte des individus lésés étant arrivée jusqu'aux oreilles du lieutenant-colonel de Camas, celui-ci a menacé d'une très sévère punition les mobiles qui à l'avenir se rendraient « coupables d'un pareil vol ». — Enfin, dans la soirée du samedi 10 septembre, vers cinq heures, l'ordre impatiemment attendu arriva pour le lendemain, avec Paris comme destination. Dans un dernier rapport fait et rédigé le dimanche matin, le capitaine commandant le bataillon demanda en toute hâte la situation numérique par grade des sept compagnies autres que le dépôt. Il donna aussi ses dernières instructions pour la solde des officiers, qui devait être arrêtée à la veille, 10 septembre. Et tout le monde se prépara au départ.

Trois ou quatre heures après que l'ordre de mise en route fut arrivé à Vannes, un capitaine retraité comme chef de bataillon dans cette ville, Charles-Jean-Julien Patissier, apprenait soudain sa nomination au poste de commandant du 5e bataillon du Morbihan. C'était un homme de 53 ans, mais un vieux militaire, qui dans les souvenirs de ses chers gardes mobiles est resté comme la personnification et l'âme de leur unité. Sa mémoire s'est même revêtue à leurs yeux d'une vraie auréole, sans grand éclat sans doute mais à lumière douce et intime, comme celle d'un sanctuaire de famille. Elle était faite de reconnaissance et d'affection autant que de respect et de vénération, comme il sied à l'ombre d'un héros obscur. Elle durera tant que subsistera encore quelqu'un de ses soldats, de ses enfants, comme on eût pu le dire

---

(1) *Journal de Vannes.* N° du 10 septembre 1870.

à juste titre. Elle s'éteindra peut-être ensuite avec le dernier d'entre eux, mais non sans avoir fait grand honneur à ce chef modeste et dévoué, car il était éminemment l'un et l'autre.—
Né à Vannes le 4 novembre 1817, fils de militaire, Charles Patissier s'engagea à la fin de 1835, un an après la mort de son père. Grade par grade, il conquit l'épaulette d'officier et devint sous-lieutenant en 1847. Il fut, deux ans après, blessé et cité à l'ordre du jour au siège de Rome ; puis de nouveau blessé devant Sébastopol en 1855. Du coup, il reçut la croix de la Légion d'honneur. Quand il prit sa retraite en 1867, il faisait partie de la garde impériale comme capitaine et portait, les jours de parade, sur son bel uniforme la croix d'officier de la Légion d'honneur, celle de Saint-Grégoire le Grand, avec la médaille italienne de Savoie, les médailles françaises de Crimée et d'Italie. Il avait combattu en Afrique, sous les murs de Rome, en Crimée et en Lombardie.

Lorsque la guerre de 1870 éclata, comme tous les vieux guerriers qui jouissent d'un repos bien mérité, il ne songeait plus à la gloire ni à l'ambition, et, s'il s'empressa d'offrir son épée, ce fut uniquement par devoir et par amour pour la patrie et pour sa chère armée. On paraît avoir hésité longtemps en haut lieu avant d'accepter ses services, faute de savoir quel poste lui assigner. Lorsque M. de Camas fut nommé lieutenant-colonel et que la place de chef du 5e bataillon fut devenue vacante, il demanda ce commandement comme une faveur, afin — pensait-il — de guider le courage de ses concitoyens devenus soldats improvisés. Il serait leur chef, leur apprendrait le métier militaire et les conduirait au feu ; il serait aussi leur père et veillerait sur eux, en assurant autant que possible leur bien-être moral et physique avec leur sécurité.

C'était en somme une nomination vivement désirée par celui qui l'attendait, aussi désirée certainement que si elle avait été briguée par gloriole et par ambition. Vivement espérée, elle tarda beaucoup comme tout ce qui comble vos vœux. Ce fut seulement le samedi 10 septembre vers neuf heures du soir que, sans lettre d'avis préalable, Charles Patissier découvrit sa nomination dans le *Journal Officiel* de la veille. Et le 5e bataillon partait le lendemain dans l'après-midi ! Aussitôt, en vrai militaire nécessairement débrouillard, il prit en hâte ses dernières dispositions. Un capitaine lui prêta sa tunique, il se fit confectionner vaille que vaille un képi à peu près réglementaire avec l'un de ceux qu'il possédait, et le dimanche 11 septembre, à l'heure dite, il se trouvait à la gare avec tous les officiers et les hommes du 5e bataillon en partance pour Paris.

Il vit là toute sa troupe bien partagée en sept compagnies : la 1re (Allaire) sous les ordres de MM. de Kerarmel capitaine, Meillet lieutenant et Charier sous-lieutenant ; la 2e (Elven) sous ceux de MM. Bassac capitaine et Peyron lieutenant ; la 3e (La Gacilly) commandée par MM. Laduré capitaine, Penhouet lieutenant et d'Audigné sous-lieutenant ; la 4e (Muzillac) avec MM. Le Pennec capitaine et du Laurens de la Barre sous-lieutenant ; la 5e (Questembert) avec MM. Toupriant capitaine et Pendu sous-lieutenant ; la 6e (La Roche-Bernard) avec MM. de Lamarzelle capitaine, Caradec lieutenant, Souveyras sous-lieutenant ; enfin la 7e (Rochefort) était commandée par MM. Desgoulles capitaine, de Keyser lieutenant et Meyer sous-lieutenant. L'état-major se composait du lieutenant de Barbeyrac de Saint-Maurice, de la 4e, adjudant-major ; du lieutenant du Cosquer, de la 5e, officier-payeur ; du Dr Fouquet, médecin de la ville, comme aide-major, et enfin de M. Jaquolot adjudant de bataillon.

✟

**Départ du 31e**
**Arrivée à Paris**
**Séjour**
*intra-muros*
**des 2e et 5e**
**Le 1er au fort**
**de Nogent.**

Ce dimanche 11 septembre, tous, officiers, sous-officiers, caporaux et gardes mobiles du 5e bataillon, prirent place ensemble à deux heures de l'après-midi dans le train spécial qui les emmenait à Paris. Ils arrivèrent à la gare Montparnasse, le lundi 12 vers neuf heures du matin. Qu'on juge de l'effet produit sur les habitants de la capitale, toujours réputés assez badauds et alors plus enthousiastes et enfiévrés que jamais, à la vue de ce millier de Bretons défilant, en costumes campagnards, bombardes et binious en tête, le fusil sur l'épaule. Ils allèrent ainsi en assez bon ordre jusqu'à la mairie du 10ᵉ arrondissement. Là tous reçurent des billets de logement. Ils furent placés isolément, chez les habitants du boulevard Magenta et des rues adjacentes. Le commandant Patissier fut installé au numéro 4 du boulevard Magenta, près de l'intersection de ce boulevard et de la rue Lafayette, aux environs de l'église Saint-Vincent-de-Paul. Le lieu de rassemblement du bataillon était la place du Château d'Eau, située au bout du boulevard Magenta. Son magasin fut établi à la caserne du Château d'Eau, qui donne sur cette place.

Le lendemain de l'arrivée du 5ᵉ à Paris, c'est-à-dire le mardi 13 septembre, le 2ᵉ bataillon, toujours à Auray mais sur le point de partir, recevait un lot important de fusils « ancien modèle » qui fut distribué aux hommes. Le mercredi 14, ce fut au tour du 5ᵉ bataillon d'aller se faire armer, mais à Paris, à l'École militaire. Grâce à l'influence et aux relations du commandant Patissier, on lui remit des chassepots, arme remarquable et excellente, sur laquelle on avait bien compté pour compenser la supériorité certaine de l'artillerie allemande. Pendant ce temps, le 2ᵉ bataillon se rendait à la gare d'Auray, que l'on avait pour l'occasion changée en vestiaire et en magasin d'habillement. Un certain nombre d'hommes, la moitié environ, y reçurent des uniformes de garde mobile, les autres restèrent avec leurs vêtements civils.

Le bataillon dut s'embarquer au complet, officiers, sous-officiers, caporaux et gardes, vers une ou deux heures de l'après-midi. Ses cadres étaient désormais à peu près fixés. Nous avons vu que son chef était M. de Kerret. Son adjudant de bataillon était Auguste Roques, son futur historiographe, qui ne tardera pas à passer d'un seul coup du grade d'adjudant sous-officier à celui de capitaine et qui deviendra ensuite adjudant-major. La 1ʳᵉ compagnie (Auray) avait pour capitaine M. Buriel, M. Georges de Cadoudal pour lieutenant et M. Hervé pour sous-lieutenant ; la 2ᵉ (Hennebont) Saulnier capitaine, Quéro lieutenant, de Chamillard sous-lieutenant, Mauviel de la Grange sergent-major ; la 3ᵉ (Belle-Ile) Dupaquet capitaine, Guillevic lieutenant, Guénédal (de Belle-Ile) sous-lieutenant, Le Toullec sergent-major ; la 4ᵉ (Pluvigner) Gilles capitaine, Audran lieutenant, Vacherie sous-lieutenant, Le

Cloërec, caporal ; la 5ᵉ (Quiberon) Hémelot capitaine, Hébert lieutenant, Caris sous-lieutenant, Rio sergent-fourrier ; la 6ᵉ (Grandchamp) Henry de Cadoudal, capitaine, Jégo lieutenant, Devier sous-lieutenant ; la 7ᵉ (Sarzeau) de Francheville capitaine, Tanguy lieutenant et Dondel de Kergonano sous-lieutenant.

Le même jour, au soir, le 1ᵉʳ bataillon se dirigeait solennellement vers la gare de Lorient pour partir par la voie ferrée, comme le 2ᵉ venait de le faire quelques heures plus tôt à Auray et comme le 5ᵉ l'avait fait le dimanche précédent à Vannes. Voici le récit de son voyage tel que l'écrivit dès l'année 1871 un de ses officiers, le capitaine du Bouëtiez de Kerorguen (1).

« Le mercredi 14 septembre 1870 à cinq heures du soir,
« une foule agitée était réunie devant la grande caserne
« d'infanterie de Lorient. Tout le monde s'apprêtait à faire
« escorte au 1ᵉʳ bataillon de la garde mobile du Morbihan
« qui partait pour Paris. On embrassait plus fortement que
« d'habitude les êtres chéris que l'on quittait. L'avenir était
« plein d'incertitude, bien des cœurs se serraient en se disant
« au revoir, et tous sentaient un point d'interrogation dou-
« loureux se dresser menaçant derrière le mot retour.

« Mais le signal du départ est donné par le commandant
« Tillet (2) et le bataillon, défilant par le flanc, seule manière
« de marcher en ordre que les hommes connussent, se
« dirigea vers la gare, précédé par la musique de l'orphéon,
« qui comptait plusieurs de ses membres dans la mobile.

« A la gare, l'embarquement fut long, les hommes furent
« mis dans des wagons à bestiaux et à marchandises et assis
« sur des planches dont l'exiguïté n'avait rien d'attrayant
« pour des gens qui avaient en perspective un voyage de
« vingt-quatre heures.

« L'on fit contre fortune bon cœur, et à sept heures le train
« s'ébranla aux cris de : Vive la mobile ! — Vive la France !

---

(1) *Le bataillon de Lorient (1ᵉʳ du Morbihan) pendant le siège de Paris*, par le capitaine A. du Bouëtiez de Kerorguen. — Imprimerie Centrale, Eugène Grouhel, libraire-éditeur, 4, place Bisson, Lorient, 1871.

(2) Émile-Paul-Marie Fontan, nommé par le décret du 4 août, n'avait pu, nous ignorons pour quelle raison, prendre le commandement du 1ᵉʳ bataillon. M. Tillet, ancien chef de bataillon d'infanterie de marine, l'avait remplacé.

« Le 1er bataillon qu'emportait ce train était composé
« d'éléments aussi nombreux que divers. D'abord le comman-
« dant, M. Tillet, ancien chef de bataillon d'infanterie de
« marine, dont on n'avait pu encore apprécier que le talent
« d'organisateur et qui plus tard s'attira l'admiration de tous
« par sa bravoure et son sang-froid sur les champs de bataille.

« A la 1re compagnie, le capitaine Dauvergne, ancien
« officier de chasseurs d'Afrique, marié ainsi que le comman-
« dant Tillet et tous les deux d'un certain âge. Ni l'un ni
« l'autre n'ont hésité à quitter leurs familles et à venir
« mettre leurs épées au service de la patrie. Le cadre
« d'officiers de cette compagnie compte, comme lieutenant,
« un jeune avocat attaché à la Banque de France et appartenant
« à une des plus honorables familles de Lorient, M. Quinchez.
« Le sous-lieutenant est l'ancien secrétaire de la sous-préfec-
« ture, M. Chamaillard. Parmi les sous-officiers, comme sergent-
« major, un engagé volontaire de dix-sept ans, M. Favin-
« Lévêque, fils d'un ancien capitaine de vaisseau du port ;
« comme sergents, M. Gersant, fils d'un industriel bien
« connu à Lorient ; M. Souzy, fils du capitaine de vaisseau
« major-général ; M. Tessol, de l'île de Groix ; puis
« Le Gurudec, un des bons ouvriers typographes du journal
« l'*Abeille*, qui n'est encore que caporal et qui ne tardera pas
« à passer sous-officier.

« A la 2e compagnie, il n'y avait pas de capitaine ; elle
« partait sous les ordres du lieutenant M. Guégan, employé
« dans les bureaux du port, et auquel son âge et sa
« position pouvaient permettre le repos. Le sous-lieutenant
« était M. Marquet, du Port-Louis, qui avait sous ses ordres
« son frère destiné à devenir capitaine de la compagnie et
« qui, blessé à la jambe à l'affaire du 21 décembre, reviendra
« chevalier de la Légion d'honneur.

« A la 3e compagnie, un ancien zouave pontifical,
« M. Le Pontois, s'arrachait aux joies de la famille, quittant
« une femme charmante et un tout petit enfant ; il partait
« comme lieutenant sous les ordres d'un capitaine, militaire
« des plus distingués, M. Broni, qui devait plus tard jouer un
« rôle important dans le grade de capitaine adjudant-major du
« bataillon. Le sous-lieutenant était un propriétaire des
« environs de Lorient, M. Raoul de Perrien, ayant lui aussi

« servi aux zouaves pontificaux. Dans le cadre, comme
« sergent-major, un sculpteur de talent, M. Nayel, pendant
« quelque temps le meilleur sergent-major du bataillon, plus
« tard un de ses meilleurs officiers. Parmi les sergents,
« M. Ludovic Boy qui, au moment de son départ, dirigeait une
« importante brasserie ; M. de Bernardières, associé à son
« père, directeur des usines à gaz de la ville ; M. Savot, bien
« connu à Pont-Scorff, et M. Louis de Larcher, qui avait quitté
« sa charmante propriété du Ter, en Plœmeur, ne voulant à
« aucun prix se faire remplacer. Le fourrier était M. Gauthier,
« élève sculpteur. Parmi les caporaux, des noms connus :
« Raoul, fils du maire de Quéven, Rivalain, Avenel, Lefloch,
« Cagnan, ces trois derniers destinés à faire un jour d'excel-
« lents sous-officiers.

« La 4ᵉ compagnie a pour capitaine un employé du port,
« M. Jealinier, qui ne fera qu'un court séjour au bataillon
« et sera remplacé dans ce grade par le lieutenant Combes-
« Ferrier, destiné lui aussi à disparaître avant la fin de la
« campagne. Il n'y avait pas de sous-lieutenant. Le sergent-
« major était M. Kan-Salomon, le fourrier M. Gosse. Parmi les
« autres sous-officiers, MM. Le Nepvou de Carfort, Le Pontois,
« Éon, tous appartenant à d'honorables familles lorientaises.

« A la 5ᵉ compagnie, un des plus brillants officiers du
« bataillon comme capitaine, M. Hippolyte Duault, ancien
« officier de marine, ayant déjà fait ses preuves au Mexique ;
« un jeune avocat comme lieutenant, M. Le Diberder, de
« Pont-Scorff, et M. Homon comme sous-lieutenant. Le
« sergent-major est M. Salvy qui a refusé de rester à la
« 8ᵉ compagnie désignée pour former le dépôt. Le fourrier
« est un receveur de l'Enregistrement, M. Ropert, fils du
« capitaine de vaisseau commandant la division du port de
« Lorient. Le cadre des sous-officiers est choisi : M. Jégoudez,
« sculpteur de mérite, M. Firmin Jullien, l'honorable négo-
« ciant si aimé et si estimé, auquel ses manières toutes rondes,
« toutes franches et toutes militaires ont valu déjà le surnom
« de sergent « La Ramée ». Homme de cœur par excellence,
« au premier bruit du danger de la patrie il a tout quitté,
« affaires importantes, affections vives. Il part comme sous-
« officier, inconnu de beaucoup ; il reviendra aimé et estimé
« de tous, lieutenant et chevalier de la Légion d'honneur.

« La 6e compagnie est commandée par le capitaine Richard,
« le doyen des capitaines après le capitaine Dauvergne.
« N'étant plus tout jeune, marié, il a demandé une place de
« capitaine de la mobile en temps de paix ; il n'a pas voulu,
« comme quelques-uns, reculer en présence de dangers
« possibles à courir, et il part avec M. de Pluvié, fils du
« maire de Plouay, comme lieutenant, et M. Poirot comme
« sous-lieutenant. Son fourrier est un jeune homme de trente
« et un ans qui, réformé à la suite d'un accident qui lui avait
« mis une jambe momentanément hors de service, a fait
« démarches sur démarches pour obtenir de pouvoir s'en-
« gager comme volontaire ; il a réussi et il part comme
« fourrier. C'est le sympathique propriétaire du château de
« Locunolé, M. Gustave de Perrien.
« C'est aussi dans cette compagnie que sert, comme sous-
« officier, M. Camille Dupuy, substitut au tribunal de Lorient.
« Engagé d'abord dans l'artillerie de marine, il a obtenu de
« permuter et part pour Paris, sans se douter qu'avant peu il
« sera nommé au poste brillant de substitut à Nantes, et sans
« se douter surtout qu'au lieu de reprendre la voie ferrée
« pour revenir de Paris, il prendra la voie aérienne et effec-
« tuera son retour en ballon.
« Enfin, la 7e compagnie est sous les ordres du lieutenant
« Robert, qui a pour sous-lieutenant un engagé volontaire,
« M. du Bouëtiez de Kerorguen, avocat et juge suppléant
« au tribunal de Lorient. Un cadre de sous-officiers,
« tout de la ville : M. Le Comte comme sergent-major ;
« M. Rémy, le fils du professeur, comme fourrier ; puis
« viennent M. Fouyer qui, comme M. Salvy, a quitté la
« 8e compagnie ; Alphonse Le Brun, le fils du sculpteur
« lorientais, M. Guilherme et le joyeux Louis Javelet, plutôt
« fait pour être sous-officier de zouaves que sergent de garde
« mobile. Grâce à lui, la popotte de cette compagnie sera
« toujours bien approvisionnée. Intrépide, ne doutant de rien,
« il part avec ses dix doigts et n'en rapportera que neuf au
« complet ; un morceau du dixième laissé sur le champ de
« bataille, à l'affaire du 21 décembre, lui vaudra d'être
« décoré de la médaille militaire.
« On voyait encore, parmi les volontaires de la première
« heure, M. Le Bris et ce brave Névo qui, blessé au talon à

« cette même affaire du 21 décembre, sera amputé et ne
« reverra plus Lorient que gravement estropié, mais décoré,
« comme son ami Javelet, de la médaille militaire.

« L'adjudant est un ancien zouave pontifical, M. Marsille,
« qui, plus tard devenu officier, méritera par sa vaillante
« conduite d'être mis à l'ordre du jour.

« Le bataillon est accompagné par le docteur Henri
« Le Diberder, ancien interne des hôpitaux de Paris, qui,
« après avoir prodigué ses bons soins aux blessés, égayera les
« soirées de cantonnement et les feux de bivouac par les
« saillies d'une verve humoristique toute gauloise. Enfin
« pour compléter, le secrétaire du commandant, le sergent
« Laporte, qui, épuisé par les fatigues et la maladie, succom-
« bera, quelques jours avant le départ de Paris, sans avoir
« obtenu la médaille militaire, pour laquelle il avait été
« proposé à la suite de sa belle conduite à l'affaire du
« 21 décembre.

« Parmi les soldats, des hommes des cantons suivants :
« Lorient, Plœmeur, Port-Louis, Plouay, Caudan, Pontscorff,
« Merlevenez, Kervignac, puis un groupe de cent cinquante
« hommes à peu près envoyé par l'arrondissement de Ploërmel
« et un détachement de mobiles de Pontivy.

« A Chartres, le train fit un arrêt d'une heure. Autorisation
« fut donnée de se disperser pour aller à la recherche des
« provisions, et les boutiques des boulangers et des charcu-
« tiers reçurent un assaut qui témoignait qu'on n'avait pas
« mangé depuis la veille, et il était près de deux heures de
« l'après-midi. Bien que la ville de Chartres ne soit pas très
« grande, quelques hommes se perdirent et ne revinrent que
« deux jours après.

« En arrivant aux environs de Paris, le nombre des culti-
« vateurs qui émigraient avec leurs bestiaux et leurs voitures,
« devenait à chaque instant plus considérable ; l'approche de
« la guerre se faisait de plus en plus sentir à mesure que le
« train se rapprochait de la capitale. Autour des gares, des
« ouvriers élevaient à la hâte des fortifications passagères.
« A partir de Versailles, des mouvements de troupes à droite
« et à gauche, puis, en arrivant en vue des forts, un spectacle
« navrant : de splendides maisons jetées à terre, les logements

« de milliers de familles, des arbres presque séculaires
« renversés, abattus pour dégager la ligne de tir des canons
« des forts et des remparts... Partout, des myriades d'ouvriers
« refaisaient les fortifications, en élevaient de nouvelles,
« finissaient de rétablir les portes et les ponts-levis de la
« ville. On savait la marche en avant de l'ennemi, on ne
« croyait pas néanmoins qu'elle dût être aussi rapide et que,
« trois jours après l'arrivée du bataillon à Paris, l'investis-
« sement dût être complet (1). »

A cette heure, en effet, la cavalerie allemande longeait la Seine en amont et au sud de Paris. Elle tenta même d'effectuer le passage du fleuve en face de Juvisy, gare importante de la ligne de Paris à Orléans, située à quinze kilomètres environ des barrières sud de la capitale. Elle n'y réussit pas et fut repoussée par les avant-postes d'infanterie qui s'y trouvaient : d'ailleurs, tous les ponts venaient d'être coupés en aval et les routes interceptées par des coupures et des obstacles de tous genres. En somme, on eût pu, le jeudi 15 septembre au soir, représenter grossièrement les positions de l'armée allemande comme échelonnées sur un vaste demi-cercle irrégulier, tournant sa convexité vers l'est, ayant Paris pour centre, pour diamètre son méridien, et un rayon variable de trente à quarante-cinq kilomètres ; ligne qui se serait ainsi étendue de Creil au nord à Juvisy au sud, en passant par Meaux et Lagny sur la Marne. Plus l'ennemi approchait, plus les voies ferrées s'encombraient, tant les trains avaient à transporter de vivres, d'approvisionnements, de matériel, de fugitifs et de troupes. Ils s'ensuivit que les 1er et 2e bataillons voyagèrent encore plus lentement que le 5e. Ils ne purent franchir l'enceinte de Paris que le jeudi 15 septembre, le 2e dans l'après-midi ou la matinée, le 1er entre six et sept heures du soir. Hommes et officiers virent les travaux des fortifications en pleine activité. On les avait poussés sans relâche depuis le 9 août jusqu'au 4 septembre, grâce à la prévoyance du général de Palikao, dernier ministre de la guerre du second empire. Les perturbations politiques les ayant

---

(1) Il ne le fut en réalité que le 19 septembre dans la soirée, c'est-à-dire quatre jours après.

ensuite quelque peu ralenties, on s'y était fiévreusement remis depuis quatre ou cinq jours. Néanmoins « personne,
« écrivit le capitaine du Bouëtiez de Kerorguen, ni parmi
« ceux qui arrivaient, ni parmi ceux qu'on venait de rejoindre
« ne doutait de l'avenir. Tous croyaient sincèrement qu'avant
« deux mois la guerre serait terminée...

« A la gare de Montparnasse se trouvaient les officiers
« partis la veille par le train-poste et qui annoncèrent que le
« 1er bataillon allait être logé chez l'habitant dans le quartier de
« la Villette. On se rangea dans la cour de la gare ; les hommes
« avaient leur musette sur le dos en guise de sacs, pas de
« guêtres et le fusil à piston ; l'aspect n'était pas brillant. On
« traversa tout Paris, mettant plus d'une heure pour se rendre
« de la gare à la mairie de la Villette (1), où devait s'effectuer
« la distribution des billets de logement.

« Le long de la route, les hommes n'ayant ni tambours ni
« clairons, chantaient pour s'aider à marcher au pas, les uns
« des chansons bretonnes que la foule écoutait avec curiosité,
« sans les comprendre, les autres, venus de Ploërmel et de
« Malestroit et connus sous le nom de *Gallos*, chantaient en
« français et répétaient des refrains patriotiques que quelque
« barde improvisé avait composés pour la circonstance.

« En voici deux entre autres qui ne manquaient pas d'une
« certaine originalité. L'un disait :

>    Marchons en guerre
>    Ne craignons rien,
>    Nous f'rons la guerre
>    A ces Prussiens.

« L'autre :

>    Marchons contents,
>    Marchons gaîment,
>    Vive la Bretagne !
>    Marchons contents,
>    Gaiment marchons,
>    Vivent les Bretons !

« Le public se montrait sympathique, plein d'enthousiasme,

---

(1) Mairie du XIX arrondissement, tout contre les buttes Chaumont.

« criait : Vive la Mobile ! Vive la Bretagne ! Les femmes
« surtout criaient plus haut que les hommes ; aussi les
« Bretons répondaient-ils en criant également : Vive la France,
« vive les Parisiennes !

« Enfin, vers neuf heures, on arriva dans le quartier de la
« Villette : les billets de logement furent distribués ; beaucoup
« d'habitants s'offrirent avec empressement pour servir de
« guides ; on eut soin de diviser les hommes de telle sorte
« que, dans chaque groupe, il y en eût au moins un parlant
« français ; et, vers onze heures, le bataillon était logé.

« Beaucoup ne sachant pas le français et craignant de se
« perdre, firent, le matin, des signes avec du blanc et du noir
« sur les maisons qui bordaient les rues conduisant à la place
« de la Villette (1), lieu indiqué pour le rassemblement, mais,
« comme de juste, ces marques furent effacées dans la journée,
« et un grand nombre de gardes ne pouvant ni retrouver leur
« route ni se rappeler le nom de la rue ou celui du proprié-
« taire, durent, après de longues et infructueuses recherches,
« revenir demander de nouveaux billets de logement qu'on
« s'empressa de leur accorder (2). »

Le 2e bataillon, arrivé quelques heures avant le 1er, fit tout
le trajet, bombardes et binious en tête, comme le 5e. Un
pareil défilé, avec ses hommes habillés, les uns des uniformes
bleus des mobiles, les autres en paysans, ouvriers ou marins
bretons ; les uns armés de fusils quelconques, les autres sans
armes, ne devait pas manquer de pittoresque. Cette absence
trop grande d'uniformité dut néanmoins produire un effet
moins heureux que n'en avait causé le 5e. Malgré tout, il
bénéficia lui aussi d'un accueil très sympathique que « le
« bataillon a su reconnaître par une conduite exempte de tout
reproche (3) », assure son historiographe. Comme il cantonnait
à Belleville, ses hommes reçurent leurs billets de logement à
la mairie du XIXe ; mais arrivé avant le 1er, il fut installé
bien plus tôt.

---

(1) La place de la Villette n'existe pas. Il s'agit ici probablement de la *place du Combat*, sur le boulevard de la Villette.

(2) *Le bataillon de Lorient (1er du Morbihan) pendant le siège de Paris*, par le capitaine A. du Bouëtiez de Kerorguen, op. cit.

(3) Historique manuscrit du 2e bataillon. *Archives historiques de la Guerre.*

Le matin même de ce jeudi 15 septembre, était arrivé sans encombre, vers neuf heures, le chef du 31e mobiles, le lieutenant-colonel de Camas ; il n'avait évidemment voulu quitter le Morbihan qu'avec les dernières de ses unités. Aussitôt débarqué, il était allé rendre visite au général Trochu, gouverneur de Paris, puis à son chef hiérarchique immédiat, le général Berthaut, qui habitait aux Arts et Métiers ; enfin il avait été voir le commandant Patissier. Ce dernier était absent. Le matin, il avait dicté son premier ordre-rapport, en vue d'arrêter les dispositions préliminaires pour l'habillement et l'équipement de sa troupe. Vers onze heures, il partait avec elle au manège de l'École militaire. Les gardes mobiles devaient y déposer leurs fusils à piston avec les nécessaires d'armes, les tire-balles, etc. qu'ils possédaient depuis Vannes.

Cette opération terminée, ils allèrent se faire habiller et revêtir enfin l'uniforme universellement adopté pour le corps dans la France entière : képis bleus avec liserés et filets rouges, blouses et vareuses bleues à parements rouges, pantalons bleus à bandes rouges avec guêtres. Pendant ce temps, le commandant Patissier, grâce à ses relations personnelles dans la ci-devant garde impériale, obtenait la faculté d'aller visiter ses anciens magasins et il y choisissait des tambours et des clairons pour ses batteries et sonneries, sans même omettre une superbe canne de tambour-maître. Le soir, les capitaines devaient faire préparer par les sergents-majors et les fourriers les bons d'armement et d'accessoires pour la réception des chassepots touchés la veille.

Cependant M. de Camas avait obtenu un logement, 17, rue Richer, chez M. Panckoucke. Entre temps, il recevait à l'état-major général l'avis qu'on s'occupait de préparer des baraquements pour ses trois bataillons — « On me paraît, écrivait-« il comme impression saillante de cette journée du 15, avoir « remarqué, distingué des autres nos Bretons. » Les hommes et les officiers du 5e bataillon avaient déjà eu le temps de voir un peu la capitale, de se familiariser avec les gens et les lieux. Ceux qui connaissaient Paris s'étonnaient même que son aspect eût relativement peu changé. D'assez nombreux groupes causaient et péroraient dans les rues ; pas beaucoup de cris ; quelques bandes composées de trois à vingt individus passaient en chantant « *Mourir pour la Patrie* ». Ce qui frappait surtout l'arrivant, c'était l'innombrable quantité de gens vêtus d'effets militaires plus ou moins complets, fantaisistes et disparates, — « blouses, vareuses de toute couleur, « de toute forme, avec toute espèce d'armements » — qui circulaient en foule dans les rues ; c'étaient principalement des gardes nationaux, des mobiles, « bourgeois à képis et pantalons bleus, avec bandes rouges », comme disait le colonel de Camas. Il n'y avait plus d'équipages de maîtres, ni de carrosses, tout du louage, mais, quoiqu'en somme il y eût moins de voitures qu'un mois auparavant, nos gardes morbihannais, fraîchement transplantés de leurs campagnes bretonnes, pouvaient s'émerveiller encore de leur grand nombre.

Le lendemain, vendredi 16, il ne fut guère question au rapport du commandant Patissier que de trois plantons à fournir : le premier chez le général Berthaut, aux Arts et Métiers, par la 5$^e$ compagnie du 5$^e$ bataillon ; le second chez le lieutenant-colonel de Camas, 17, rue Richer, par la 6$^e$ ; le troisième chez le lieutenant officier-payeur, M. du Cosquer, par la 7$^e$. Les officiers s'occupaient activement à dresser les situations, à distribuer les chassepots que le bataillon avait reçus en gros l'avant-veille avec les nécessaires d'armes et divers accessoires; à faire les échanges indispensables d'effets entre les hommes, car il était de toute évidence que la veille, à l'École militaire, la distribution des uniformes n'avait pu se faire avec grand soin et que bien des vêtements n'allaient point d'une façon indiscutable à leurs premiers porteurs. Or, le commandant Patissier appartenait à cette école classique d'officiers qui, nourris des vieux principes, avaient été élevés au sein d'une armée pour ainsi dire professionnelle. Ils pensaient que tout soldat doit porter une tenue qui lui sied parfaitement ; ils avaient la coquetterie de l'uniforme ; ils l'enseignaient à leurs recrues et faisaient tout pour leur inculquer ce sentiment qui est une composante de l'esprit de corps. L'uniforme a quelque chose du drapeau et, dans la même mesure, doit participer à son culte. Or, cet orgueil de la tenue, commune à toute la famille militaire, avait été particulièrement développé dans la garde impériale. Le chef du 5$^e$ bataillon, l'ancien capitaine des grenadiers de la Garde, prétendait faire de son unité un corps d'élite qu'il tint en main aussi parfaitement que possible. Il s'efforça d'abord d'obtenir les fournitures les plus parfaites, tant pour l'équipement que pour l'armement, et il usa dans ce but de tout son crédit et de tout son savoir-faire. Maintenant qu'armes et effets étaient dans ses magasins de la caserne du Château d'Eau, il lui restait à vêtir proprement et même, autant que possible, élégamment, ses hommes, en attendant qu'il leur apprît à porter crânement leur tenue nouvelle.

Pour l'instant, ils vivaient sous le régime du cantonnement, avec cette différence qu'ils avaient à pourvoir eux-mêmes à leur nourriture et ne mangeaient même point par escouades. Si beaucoup se réunissaient pour prendre leurs repas en commun, c'était entièrement suivant leur choix et leurs convenances, entre amis ou associés. Ils recevaient pour se défrayer une solde de 1 fr. 50 par jour. Ce régime devait changer sous peu, mais, en tout état de cause, le prêt ne devait pas varier. Aussi leur colonel écrivait-il : « Ils seront « mieux quand ils seront au bivouac à faire la soupe, qu'ils « ne sont à manger en *tirailleurs*, comme ils font aujourd'hui. »

Ce jour-là, le colonel de Camas commença à cheval ses tournées du matin pour aller voir ses trois bataillons et les postes qui leur étaient confiés. Ce fut la première fois qu'il vit réunis sous les armes les officiers et les hommes du 1er bataillon. Justement il les rencontra groupés à leur lieu de rassemblement sur la place du Combat à la Villette. — « Le « colonel apportait des nominations qui établissaient quelques « changements dans les cadres. M. Le Pontois était nommé « capitaine à la 7e compagnie et était remplacé comme lieu- « tenant à la 3e compagnie par M. du Bouëtiez de Kerorguen. « M. Marsille était nommé sous-lieutenant à la 4e. M. James « était nommé adjudant. M. Broni, capitaine de la 3e, « prit les fonctions d'adjudant-major que M. Le Pontois avait « remplies quelque temps (1). »

Ce même vendredi 16 septembre, le 2e bataillon alla « échanger des fusils à percussion contre des fusils Chassepot à l'arsenal de Vincennes », nous raconte son historiographe Auguste Roques.

(1) *Le bataillon de Lorient (1er du Morbihan) pendant le siège de Paris*, par le capitaine A. du Bouëtiez de Kerorguen, op. cit.

Le samedi 17 septembre, commencèrent pour le 5e bataillon les exercices sur la place du Château d'Eau et les boulevards qui viennent y converger. Sans doute, Paris n'avait pas beaucoup changé, mais un des aspects les plus saillants de sa nouvelle physionomie était l'innombrable quantité d'hommes coiffés de képis qui circulaient sur la voie publique avec des fusils. « On croirait, écrivait plai-
« samment le colonel de Camas, qu'il y a des gens qui ont
« remplacé leurs cannes par cet engin désagréable à porter. »
Un autre aspect typique était la profusion d'escouades qui manœuvraient et s'exerçaient dans les cours, sur les places, dans les rues, sur les boulevards.

De son côté, le 1er bataillon s'occupait de son armement. Il allait, ce jour-là, au fort de Vincennes chercher les fameux et précieux chassepots « par un soleil brûlant, et, à la fin de
« la journée, après plusieurs heures d'attente, le bataillon
« avait changé ses fusils à piston contre des fusils Chassepot.

« Il est difficile de se faire une idée de l'animation qui
« régnait à ce moment dans le vaste arsenal de Vincennes,
« animation qui faisait contraste avec l'aspect morne et désolé
« des avenues qu'on traverse pour y arriver. De tous côtés,
« des maisons que le Génie faisait jeter à terre, des myriades
« d'ouvriers occupés à construire des barricades, à placer
« des fougasses... Dans toute cette grande avenue qui mène à
« Vincennes, pas un habitant n'était demeuré chez lui ; à
« Fontenay-sous-Bois, même panique. Aussi, sur les routes,
« pas de bourgeois, des militaires de toutes sortes sous les
« costumes les plus variés : les mobiles des départements
« désignés à Paris sous le nom de *moblots*, ... puis des
« groupes de francs-tireurs aux costumes bizarres et élégants ;
« enfin de nombreuses compagnies de gardes nationaux, dont
« les uns sont habillés régulièrement, pendant que d'autres
« portent le fusil et l'épée baïonnette par dessus leurs
« vêtements civils. Au surplus, Paris présente dans son
« ensemble l'aspect de l'avenue de Vincennes ; c'est à peine
« si un chapeau noir se montre çà et là (1). »

(1) *Le bataillon de Lorient (1er du Morbihan) pendant le siège de Paris*, par le capitaine A. du Bouëtiez de Kerorguen, op. cit.

Le lendemain 18 septembre était le premier dimanche que le régiment du Morbihan passait à Paris. Les hommes ne se reposèrent pas beaucoup ; l'instruction pressait. D'ailleurs, ils étaient enchantés de posséder des chassepots et sentaient la nécessité de travailler sans relâche à en apprendre le maniement. Le 5e bataillon s'exerça deux heures le matin, de 7 à 9, au chargement de son nouveau fusil. — Mais les rassemblements se faisaient d'une façon laborieuse et avec inexactitude, ce qui décida le commandant Patissier à en parler au rapport et à prévenir les capitaines qu'il les rendrait responsables des retards. Il voulait que les officiers dressassent leurs hommes à se réunir aussi vite que possible. La chose n'était certes pas facile, car ces nouveaux soldats-paysans qui pour la plupart n'étaient jamais sortis de leurs campagnes, dont un grand nombre ignorait même encore le français, logeaient isolément ou par très petits groupes dans les différents étages des hautes maisons de la capitale. Rien que rentrer et surtout sortir de bon matin à une heure déterminée devait en embarrasser beaucoup. Une bonne partie de ce dimanche fut encore consacrée à l'habillement définitif des hommes, après inspection et observations du commandant. De leur côté, les officiers des divers régiments de mobiles bretons commencèrent alors à mettre sur le front de leurs képis, au-dessous des galons, une hermine en ivoire sculptée. — « On va en donner en os découpé et plat aux gardes, » écrivait le colonel de Camas.

Déjà le bataillon avait dû occuper sur le rempart un certain nombre de postes qui étaient augmentés en force et en quantité pendant la nuit. A ce service s'ajoutait, le dimanche soir, celui de la police du cantonnement. Une patrouille de 20 hommes commandée par un sergent et encadrée de deux caporaux parcourait, de 10 heures du soir à une heure du matin, les rues et boulevards dans lesquels logeaient les mobiles du 5e bataillon.

Le 19 septembre, on devait faire le lundi. Les soldats morbihannais allaient redevenir citoyens souverains et élire leurs officiers. En effet, le lendemain du jour où les 1er et 2me bataillons étaient arrivés à Paris, c'est-à-dire le 16, le Gouvernement avait décidé de faire nommer les officiers de la mobile par leurs hommes, « considérant, « disait-il, que les circonstances dans lesquelles avait eu lieu « la nomination des officiers de la garde mobile rendaient « nécessaire l'élection de ces officiers. » L'historiographe du 2ᵉ bataillon, Auguste Roques, qui allait profiter largement de ce décret, l'appréciera en ces termes : « Le Gouvernement « de la Défense nationale, dans un intérêt de justice et d'ému- « lation, a rendu un décret appelant la garde nationale mobile « à élire ses chefs (1). » Quoi qu'il en soit, la démagogie parisienne était pour beaucoup dans cette mesure, car les mobiles de la Seine, dont les plus mauvais éléments lui appartenaient, l'avaient vivement réclamée pour eux-mêmes. Fort attristé sans doute d'un procédé si contraire aux saines traditions de l'armée, mais avant tout soldat plein d'abnégation et de respect pour les ordres supérieurs, le commandant Patissier se contenta de rappeler aux hommes qu'ils devaient être rentrés à 10 heures du soir, faute de quoi les patrouilles, qui circuleraient à ce moment, les arrêteraient et les conduiraient à la Place. La 3ᵉ compagnie fut chargée d'en fournir une composée comme la veille, et la 7ᵉ fut mise à la disposition du bataillon pour les corvées d'équipement et d'armement.

Les résultats des élections ne produisirent pas de trop grandes perturbations dans les 1ᵉʳ et 5ᵉ bataillons. Dans celui de Lorient, elles se traduisirent surtout par des avancements. Deux sergents-majors, Salomon-Kan et Salvy, — ce dernier ayant refusé de rester au dépôt pour mieux payer de sa personne, — un simple sergent, le « Sergent La Ramée », c'est-à-dire Firmin Jullien, ce négociant si militaire, cet homme de cœur aux allures rondes et sympathiques, devinrent tous trois sous-lieutenants dans leurs compagnies respectives. Marsille, l'ancien zouave pontifical qui avait été adjudant de bataillon au départ de Lorient, puis nommé, à Paris, sous-lieutenant le 16, devint lieutenant le 19 de par le résultat du scrutin. En revanche, le capitaine Jealinier de la 4ᵉ disparut des cadres ainsi que le sous-lieutenant Homon de la 5ᵉ.

(1) Historique manuscrit du 2ᵉ bataillon. *Archives de la Guerre.*

Les remaniements furent bien plus considérables dans le 2ᵉ bataillon. Celui qui jusque là avait été son chef, M. de Kerret, fut remplacé par M. Buriel, capitaine de la 1ʳᵉ. La voix populaire ne donna aucun remplaçant à ce dernier. A la 2ᵉ compagnie, le sergent-major Mauviel de la Grange fut nommé à la place de Chamillard ; de même à la 3ᵉ, le sergent-major Le Toullec remplaça Le Guénédal. A la 4ᵉ, Audran, lieutenant, devint capitaine à la place de Gilles ; Vacherie, sous-lieutenant, devint lieutenant à la place d'Audran, et le caporal Le Cloërec fut promu, par les suffrages des hommes, sous-lieutenant. A la 5ᵉ, le sergent-major Rio devint lieutenant à la place d'Hébert. En somme, les capitaines Gilles de la 4ᵉ, et Henry de Cadoudal de la 6ᵉ ; le lieutenant Hébert de la 5ᵉ ; les sous-lieutenants de Chamillard de la 2ᵉ, Le Guénédal, de Belle-Ile, de la 3ᵉ, soit cinq officiers de compagnie, furent éliminés et remplacés par un officier, quatre sous-officiers et un caporal. Auguste Roques, qui sera plus tard capitaine adjudant-major du 2ᵉ bataillon, était, avant le vote, adjudant de ce bataillon. Le 19, il devint capitaine de la 6ᵉ, en remplacement d'Henry de Cadoudal.

Au 5ᵉ bataillon, le lieutenant Penhouët de la 3ᵉ, et le sous-lieutenant du Laurens de la Barre de la 4ᵉ furent laissés de côté et remplacés par MM. Morin et Le Visage. M. Bidault était en même temps nommé sous-lieutenant.

Dans son ensemble, le résultat ne sortait pas beaucoup des prévisions du colonel de Camas qui cependant ne se croyait pas tout-à-fait hors d'atteinte. « On fait réélire, écrivait-il
« le 18, les officiers par les gardes mobiles ; je crois qu'ils ne
« changeront pas grand'chose à ce qui est ; dans tous les cas,
« il me restera la ressource de me faire nommer colonel d'un
« régiment de ligne, je ne me préoccupe pas de cela. » — Quatre jours après, il ajoutait, par ballon, les réflexions suivantes : — « On a élu des officiers dans la mobile ;
« quelques-uns sont restés sur le carreau, mais j'ai appris
« d'eux, hier soir, qu'ils gardent leurs grades pour rester à
« la disposition du Ministre de la Guerre. C'est trop juste.
« On ne devait pas les faire venir pour les exposer à être mis
« de côté ainsi. »

Le lundi 19 septembre devait être une date importante et

triste. Le soir même, Paris était entièrement investi. Depuis l'arrivée des 1er et 2e bataillons, le 15, l'armée allemande avait continué son mouvement. Elle s'était emparée le 17 de deux points principaux de passage sur la Seine au sud de Paris, Villeneuve-Saint-Georges et Corbeil ; et une partie assez notable de ses forces s'était installée sur la rive gauche du fleuve. Le 18, toutes le traversèrent et des cavaliers parurent aux portes de Versailles. Le 19 enfin, le mouvement continuant, le général Ducrot ne voulut pas laisser cette marche de flanc si osée s'effectuer sans résistance à quelques kilomètres au sud de Paris. Il désirait aussi s'assurer la ligne la plus avancée possible au delà des forts. Mais, sur ce dernier point, le général Trochu, gouverneur de Paris, ne s'entendait guère avec lui. Ducrot ne fut pas soutenu dans son attaque, qui prit le nom de combat de Chatillon ; s'il l'eût été, on eût pu obtenir en cette occasion un assez gros succès. Les mobiles d'Ille-et-Vilaine s'y distinguèrent bien pour une troupe de nouvelle formation. Néanmoins, chemin faisant, on leur avait fait élire leurs officiers. « On se battit jusqu'à « trois heures, écrit M. du Bouëtiez de Kerorguen, et entre « cinq heures et six heures, plusieurs des officiers ayant pris « part à l'action venaient, après avoir ramené leurs troupes, « prendre le vermouth au café *du Helder*. Singulier temps « où l'on pouvait se battre dans la journée et prendre le soir « son café sur les boulevards (1). » Le combat de Chatillon n'avait fait que retarder un peu le mouvement de l'armée ennemie. Quelques heures après, elle entrait à Versailles, et le soir du 19 septembre l'investissement était complet ; les troupes allemandes du midi s'étaient soudées à celles qui avaient évolué au nord ; toutes les voies ferrées et toutes les lignes télégraphiques étaient coupées autour de Paris. Les lettres ne partaient plus. On prévint dès le lendemain les gardes mobiles que désormais la poste se ferait de loin en loin par ballon et qu'il leur fallait réduire leur correspondance au strict minimum comme format et comme volume.

Ce ne furent « les jours suivants, comme pendant ces

---

(1) *Le bataillon de Lorient (1er du Morbihan) pendant le siège de Paris*, par le capitaine A. du Bouëtiez de Kerorguen, op. cit.

« derniers jours, que distributions de toute sorte, couvertures, linge, effets de campement, cartouches (1). » D'autre part, l'instruction du tir était toute à refaire. Le commandant Patissier concentra tous ses efforts sur ce point. Ses rapports contiennent des prescriptions minutieuses relativement au port, au maniement et à l'entretien des chassepots. Il faisait de fréquentes conférences aux officiers et aux sous-officiers. Par ailleurs, exercices constants et journaliers, marches nombreuses nécessitées par les allées et venues presque continuelles aux remparts et autres postes de la défense.

Le surlendemain, 21 septembre, mercredi, le 1er bataillon cessait de loger chez l'habitant et quittait d'ailleurs Paris et le quartier de La Villette — « après avoir monté une garde aux « fortifications, garde pendant laquelle il eut maille à partir « avec la garde nationale de Belleville, il fut envoyé au fort « de Nogent (2). » Les deux autres bataillons ne tardèrent pas à suivre son exemple, mais *intra muros*, et à cesser leur émiettement dans les maisons particulières de la capitale.

En effet, le vendredi 23 septembre, le colonel de Camas, en faisant à cheval sa tournée habituelle pour aller voir ses trois bataillons, trouva le 5e rassemblé au grand complet sur la place du Château d'Eau. Il allait s'installer dans les baraquements qu'on lui préparait depuis dix jours sur le boulevard de La Villette. On lui avait alloué huit baraques, dont sept assez vastes pour caserner les sept compagnies et une huitième, plus petite, pour l'état-major du bataillon, destinée à contenir les magasins, le bureau du commandant, du capitaine faisant fonction de major, du trésorier, etc. C'est là que devait se passer, à l'avenir, la visite médicale quotidienne. Cette baraque portait le N° 83. — Ce même jour, le 2e bataillon s'installait à la droite du 5e, sur le boulevard de Belleville qui prolonge vers le sud-est le boulevard de La Villette. On mettait également à sa disposition huit baraques dont une pour l'état-major du bataillon et son conseil d'administration ainsi composé : Buriel, chef de bataillon, président;

---

(1) *Le bataillon de Lorient (1er du Morbihan) pendant le siège de Paris*, par le capitaine A. du Bouëtiez de Kerorguen, op. cit.

(2) Idem.

Hémelot, capitaine faisant fonction de major ; Roques, capitaine de la 6e ; Tanguy, lieutenant officier-payeur, et Hervé, sous-lieutenant officier d'habillement. Ces abris sous lesquels logeaient hommes et services étaient assez médiocres. Vu l'urgence et le caractère provisoire de leur construction, on en avait fait de grandes tentes aux parois de toile et non des maisons en planche. Si elles présentaient, au point de vue militaire, l'immense avantage de tenir tous les hommes réunis dans un même logement, elles avaient l'inconvénient de protéger imparfaitement leurs habitants contre les intempéries des saisons. Or les nuits commençaient à être fraîches, bientôt le commandant recommandera aux hommes de se couvrir soigneusement le matin et le soir.

Les gardes mobiles continuèrent dans cette sorte de camp ce qu'ils avaient fait jusque là aux environs du boulevard Magenta, sur le boulevard Voltaire, sur la place et à la caserne du Château d'Eau. Le commandant Patissier fut obligé même de garder quelque temps ses effets et son matériel dans cette caserne. Il activait toujours les dernières dispositions relatives à l'armement et à l'équipement, qui se prolongeaient sans cesse par la répartition de nouvelles fournitures, et tout cela ne se faisait pas bien régulièrement, car le chef du 5e bataillon dut formellement défendre que son magasin livrât quoi que ce fût sans un bon régulier. Il répétait à tout propos ses minutieuses recommandations concernant le nettoyage et le maniement du Chassepot, les soins à lui donner, l'usage de la hausse, les règles de tir.

Voici, en résumé, le tableau de service ordinaire. On ne sonnait pas le réveil. D'ailleurs, les clairons et les tambours, confiés à la direction du capitaine de Lamarzelle, n'avaient pas encore une habileté suffisante. Cependant les gardes mobiles devaient se lever assez tôt pour que le café fût pris avant sept heures précises. A ce moment, exercice. Il était surtout consacré aux marches et manœuvres, avec la recommandation, pour les instructeurs, de ne pas abuser du pas gymnastique. Le rapport avait lieu à neuf heures, dans la baraque No 83, pour le 5e bataillon. Quand l'exercice était terminé, les soldats se trouvaient libres, mais ils ne pouvaient s'éloigner de leurs casernements avant la communication du rapport. Les hommes punis étaient conduits aux locaux disciplinaires de la Courtille, et non plus à la caserne du Prince-Eugène comme auparavant. A une heure, exercice de l'après-midi, généralement réservé à l'instruction du tir. Soupe du soir à cinq heures. Les soldats mangeaient par escouades ; l'ordinaire se réglait et se faisait par compagnie, sur cette base que l'allocation de viande ne devait pas dépasser un franc par homme et par jour. L'eau-de-vie était, en tout temps, fortement déconseillée. Les mobiles restaient libres jusqu'à huit heures et demie, heure du grand appel du soir ; des punitions sévères attendaient les manquants et les retardataires. Après l'appel, personne ne devait plus quitter les baraquements ; le commandant en rendait les officiers responsables.

Les dimanches apportaient un peu plus de repos et de liberté à la troupe. Le matin était, de sept heures à huit heures, réservé aux inspections des capitaines. Tout le monde se trouvait ensuite libre jusque trois heures de l'après-midi. A neuf heures et demie, l'aumônier disait la messe dans une chapelle située, 212, rue de Lafayette. La vie, constamment diversifiée par les services de piquet et de garde, s'écoulait ainsi pour les 2e et 5e bataillons casernés dans leurs baraquements des boulevards de Belleville et de La Villette.

Le colonel de Camas a donné dans sa correspondance quelques détails confidentiels sur la manière dont les gardes mobiles morbihannais étaient vus par la population, sur la nature de son propre commandement, sur les chefs de bataillon et leur manière de servir. — « Les mobiles gagnent
« tous les jours dans l'estime des Parisiens, écrivait-il le
« 25 septembre à Mme de Camas, ils ne font pas de désordres
« dans les rues, qui en sont pleines... Je suis décidément une
« sorte de général de brigade ; je suis officier sans troupes,
« ne comptant dans aucun bataillon, payé en dehors, avec
« un livret de solde comme officier de l'état-major. Cela
« diminue beaucoup ma besogne, qui reste cependant assez
« chargée quelquefois. Quant aux chefs de bataillon, il sont
« à l'attache du matin au soir. Patissier ne sort de chez lui
« que pour aller à la caserne où il n'a qu'un bureau et un
« magasin (les deux n'en font qu'un), au restaurant et au
« café, où il ne passe qu'une demi-heure. Il commence à se

« débrouiller, les deux autres sont fort loin derrière lui. Je
« vais tous les jours déjeuner avec lui, d'autres officiers de
« Vannes, un capitaine des douanes du Morbihan, etc. ; ce
« n'est plus au même restaurant, mais dans un bouillon... »

Notons quelques incidents de cette vie un peu monotone. Le vendredi 30 septembre, à l'exercice de sept heures, tous les officiers du 5ᵉ furent solennellement reconnus et présentés en masse devant le front des troupes assemblées. Ce jour-là le bataillon se trouvait de piquet. Il pouvait, paraît-il, être appelé à marcher d'un moment à l'autre, non contre les Allemands, mais contre les bandes de l'émeute et spécialement ses voisines de Belleville. Aucune absence ne fut tolérée.

Le surlendemain, dimanche 2 octobre, le 5ᵉ bataillon du Morbihan envoyait les 1ʳᵉ et 7ᵉ compagnies, soit trois cents hommes, à la préfecture de police, dont le titulaire, M. de Kératry, allait partir en ballon cinq ou six jours plus tard, dégoûté, disait-il, par sa collaboration obligée avec Raoul Rigault, entre autres, ce futur chef de la Commune. A ce moment, d'ailleurs, la garde nationale, très travaillée par les clubs, la presse avancée et les meneurs, manifestait, dans un grand nombre de ses unités, de continuelles tendances au désordre et à l'émeute. Celle de Belleville en particulier, qui voisinait avec les 2ᵉ et 5ᵉ bataillons, ne cessait de s'agiter sous l'inspiration de Flourens. Le général Trochu, gouverneur de Paris, se crut même obligé de recevoir, le 5 octobre, cet agitateur, de négocier avec lui et finalement de créer en sa faveur la fonction extraordinaire et assez ridicule, dans l'occasion, de « major de rempart ».

Pendant ce temps, le 1ᵉʳ bataillon menait une existence assez rude au fort de Nogent-sur-Marne.

« Là, les hommes avaient été installés sous de grandes tentes,
« au milieu de la cour intérieure. Dès le début, le service fut
« pénible. On passait la nuit hors du fort tous les trois jours,
« et on travaillait aux fortifications. Le 1ᵉʳ bataillon avait pris
« la place des mobiles de la Seine, dont on n'avait pu obtenir
« aucun travail. Aussi, dans les premiers temps, le colonel
« Pistoulet, commandant du fort, ne tarissait-il pas d'éloges

« sur les Bretons ; plus tard, ayant le désir de faire venir
« dans le fort des mobiles du Tarn, ses compatriotes, il
« se montra difficile et sévère pour les mêmes hommes
« qu'il avait comblés d'éloges. La vie était des plus calmes et
« des plus monotones ; le matin, la diane battait à cinq
« heures, à cinq heures et demie avait lieu l'appel auquel
« étaient tenus d'assister tous les officiers ; l'on faisait
« ensuite l'exercice dans l'intérieur du fort jusqu'à huit
« heures ; à neuf heures, avait lieu la parade de la garde
« montante ; de onze heures à midi, le commandant Tillet
« faisait une conférence aux officiers sur le service en
« campagne, et à midi l'on retournait à l'appel, l'exercice
« recommençait et était suivi des distributions. La seule
« distraction était d'aller se promener jusqu'à Fontenay-sous-
« Bois, petite ville située entre le bois de Vincennes et le
« fort, et qu'une partie des habitants, revenus de la première
« panique, avaient réoccupée. A cinq heures, on levait le
« pont-levis du fort et l'on avait pour toute ressource d'aller,
« après le dîner, causer à la cantine avec les autres officiers
« de la garnison. »

« Avant le dîner, le commandant du fort faisait envoyer
« quelques obus sur les ouvrages que les Prussiens commen-
« çaient à construire et qui servirent plus tard au bombar-
« dement. On montait encore à l'observatoire de la marine
« où régnait un Lorientais, le quartier-maître Bélin, qui
« venait parfois avertir le colonel Pistoulet qu'on prévenait du
« fort de Rosny de faire le *branle-bas à la muette*. Ce brave
« Bélin, qui fut décoré de la médaille militaire, se croyait
« obligé d'avoir recours à une sorte d'harmonie imitative et
« il parlait si bas, si bas, pour transmettre l'ordre, que le
« colonel, qu'il s'obstinait à appeler commandant, ne pouvait
« jamais réussir à le comprendre. »

« Grâce aux lunettes marines de l'observatoire de maître
« Bélin, on apercevait distinctement l'ennemi faisant ses
« terrassements, passant des revues, relevant ses sentinelles,
« ce dernier service avec une ponctualité qui permettait de
« supposer que chaque caporal de pose devait être muni d'un
« excellent chronomètre. »

« Au matin, les troupes de garde hors du fort envoyaient
« en reconnaissance des détachements qui furent plusieurs

« fois accueillis à coups de fusil. Un certain nombre d'hommes
« formaient un corps de guetteurs chargés de veiller, la nuit,
« sur les alentours du fort. Ils circulaient dans un rayon
« assez étendu et correspondaient avec les sentinelles avancées
« par des signaux convenus d'avance, et qui changeaient tous
« les jours. M. Marquet, capitaine de la 2ᵉ compagnie, qui
« commandait les guetteurs, se signala plusieurs fois par le
« sang-froid dont il fit preuve dans ces expéditions nocturnes.
« Le service télégraphique du fort était aussi dirigé par un
« breton, M. Gaston du Bouëtiez de Kerorguen, dont le
« bureau, établi dans une chapelle casematée, fut souvent le
« centre d'un petit cercle d'amis (1). »

Les travaux auxquels le 1ᵉʳ bataillon du Morbihan était employé tout autour du fort de Nogent-sur-Marne avaient pour but de mettre en état la ligne de défense. Le général Ducrot eût voulu qu'on la reculât et qu'on la maintînt aussi éloignée que possible des remparts, de façon à rendre l'investissement de plus en plus difficile ; mais le général Trochu, commandant en chef, ne partageait pas cette idée. Cependant, aux premiers jours d'octobre, en présence de l'attitude prudente et expectante des Allemands, on y revint, grâce au général du génie Tripier, du cadre de réserve. Ce vétéran de la Crimée rappela au conseil de défense l'efficacité remarquable du système que les Russes avaient suivi à Sébastopol : garnison sans cesse agissante et en haleine, tranchées cheminant continuellement vers l'extérieur contre les positions des assiégeants, en facilitant la prise ; élargissement du cercle d'investissement par la conquête successive de tous ces points. En un mot, il préconisait la défense active, seul système que la théorie militaire reconnaisse valable aujourd'hui.

Le système Ducrot l'emportait, au moins momentanément. C'est à la suite de son adoption que, pour passer à la pratique, tous les mobiles quittèrent leurs baraquements des boulevards et allèrent aux avant-postes mener une vie plus

---

(1) *Le bataillon de Lorient (1ᵉʳ du Morbihan) pendant le siège de Paris*, par le capitaine A. du Bouëtiez de Kerorguen, op. cit.

active. Le général Berthaut, qui résidait alors aux Arts et Métiers, fut mis à la disposition du général Ducrot. On lui tailla une brigade d'occasion avec quelques groupes de francs-tireurs, le 4e zouaves, le 36e de marche, les 2e et 5e bataillons du Morbihan. Rien que ce fait annonçait une période de service en campagne. Le commandant Patissier le comprit si bien que, dès le 5 octobre, il expliquait à ses hommes la manière dont ils devaient s'y prendre pour faire leur sac, y disposer leurs effets, leurs munitions, les ustensiles de campement, porter les cartouches, les bien envelopper dans le petit sac en toile *ad hoc* et n'en garder qu'un paquet dans la cartouchière. Le lendemain, il se faisait présenter par les 1re et 5e compagnies des sacs réglementairement préparés avec « gamelle, bidon, piquets de « tente, couverture roulée dans la tente abri. » Après le rapport, les capitaines lui soumirent leurs diverses propositions d'avancement. Le 7 octobre, on vaccina les mobiles du bataillon, en commençant par la 2e compagnie. Le samedi 8, fin de la vaccination, puis repos qui se continuera toute la journée du dimanche. Le lundi 10 octobre, de grand matin, les deux bataillons du Morbihan, le 2e et le 5e, quittaient leurs baraquements, que de longtemps ils ne devaient plus revoir, et allèrent s'établir à Puteaux, sur le bord de la Seine, à deux kilomètres environ au nord-est du Mont-Valérien. Le colonel de Camas suivit le mouvement. Son régiment du Morbihan, qu'il ne commandait d'ailleurs que de très haut, se réduisait dès lors à deux bataillons. Celui de Lorient, le 1er, établi à l'autre extrémité du cercle de défense, lu échappait par la force même des choses.

※

Puteaux était alors une petite ville de 9.400 âmes, située sur la rive gauche de la Seine et desservie par la ligne de Paris à Versailles que l'on appelait *ligne de la rive droite*. Aucun pont ne s'y trouvait. Il fallait, pour franchir la Seine et gagner Paris par le plus court, descendre au pont de Neuilly, à 1.200 mètres en aval de l'église, le pont de Suresnes, situé à 1.700 mètres en amont, étant coupé. **Combats de la Malmaison 11 Octobre et 21 Octobre 1870**

Du pont de Neuilly, en suivant la longue et large avenue de Neuilly, on gagnait Paris, où l'on entrait par la porte Maillot pour arriver bientôt à l'Arc de Triomphe et aux Champs-Élysées. Le trajet représentait ainsi trois kilomètres et demi environ jusqu'aux fortifications. Quant à la petite ville elle-même, c'était déjà une agglomération presque entièrement industrielle. Il y avait là de nombreuses usines pour matières colorantes, teintures, impressions sur étoffes, constructions de machines. On y voyait aussi, en allant vers la gare, vers le Mont-Valérien ou Suresnes, des habitations de plaisance, des villas, des maisons de jardiniers qui cultivaient la vigne et les roses. Les deux principaux monuments étaient l'église du XVIe siècle et le temple ou chapelle protestante, de style roman.

Aussitôt rendus en ce lieu, les mobiles du Morbihan s'installèrent sommairement dans les postes qui leur furent désignés ; c'était des barricades ou des maisons déjà fortifiées à la hâte. Le soir même, c'est-à-dire le lundi 10 octobre, les officiers commencèrent, sous l'impulsion du colonel et des chefs de bataillon, à étudier les secteurs qu'ils devaient avoir à défendre et à fortifier. Ils reconnurent les emplacements susceptibles de recevoir des petits postes et proposèrent à leurs chefs les améliorations qu'ils jugeaient utiles à introduire dans les travaux défensifs. En même temps, ils reçurent mission d'examiner parmi les bâtiments, qui étaient presque tous abandonnés, ceux qui conviendraient le mieux pour loger leurs hommes. On leur permit de s'y installer en faisant le moins de dégâts possible. — « Les commandants de « compagnie feront connaître, ajoutaient les instructions, que « tout acte de pillage ou de dévastation serait déféré à la « cour martiale. » Ce travail préparatoire commençait à peine quand plusieurs compagnies du 2e bataillon reçurent le baptême du feu.

En effet, le système de défense active adopté en ce moment comportait sans doute des travaux de fortification et des tranchées de cheminement, mais aussi de fortes reconnaissances pour entraîner le moral des jeunes soldats et les familiariser graduellement avec les dangers du champ de bataille. L'une d'elles avait eu lieu dernièrement, le 7 octobre, sur la lisière du parc de la Malmaison. Le mardi 11, le général Berthaut en tenta une nouvelle presque au même endroit avec quelques troupes de sa brigade : éclaireurs ou francs-tireurs, zouaves et mobiles du 2e bataillon du Morbihan.

Il forma sa colonne au-dessus de Puteaux, au rond-point de la grande route nationale de Cherbourg, nommé rond-point des Bergères, près duquel se dressait un moulin à vent et d'où l'on a une vue étendue sur la vallée de la Seine, le bois de Boulogne et la partie occidentale de Paris. De là, il se dirigea sur Rueil en passant près de Nanterre. A trois kilomètres de son point de départ commence le gros bourg de Rueil. Trop exposé aux coups du Mont-Valérien qui est à deux kilomètres et le domine, il était inoccupé. Cependant la formation de combat est prise ; les 1re, 2e, 3e et 4e compagnies du 2e bataillon sont dirigées en avant, le reste demeure en soutien. Les éclaireurs ou francs-tireurs se déploient sur la gauche, à l'est de la Malmaison et devant le château de Boispréau. La fusillade commence ainsi dès la sortie de Rueil. Des feux de peloton éclatent derrière les abris du parc de la Malmaison contre les éclaireurs et les compagnies de mobiles morbihannais ; mais le tir en est mal réglé et ne les fait pas souffrir. D'ailleurs, l'ennemi s'en tient là comme résistance et se replie vers Bougival. A l'entrée du bourg, les Allemands ont construit une forte barricade sur la route de Cherbourg, en avant d'un chemin qui conduit au château de la Jonchère. Aussitôt, la 1re compagnie (Auray), sous le commandement du capitaine Georges de Cadoudal, et la 2e (Hennebont), sous celui du capitaine Armand Saulnier, passent en première ligne. Leurs soldats qui, autant que possible, se mettent à couvert dans les fossés de la route, avancent avec prudence vers l'obstacle. L'artillerie du général Berthaut tire sur les positions allemandes ; les grosses pièces du Mont-Valérien tonnent, mais sans objectif bien défini et sans autre résultat apparent que de soutenir le moral des troupes. Celles-ci sont bravement arrivées à 300 mètres de l'ouvrage ennemi, malgré les feux de mousqueterie qui en partent, quand tout-à-coup deux pièces s'y démasquent et vomissent des paquets de mitraille. Heureusement la décharge est de nul effet, car les biscaïens ne s'écartent pas et font boulet. — L'attaque ne devait pas être poussée à fond. On constatait que la barricade était très forte et garnie d'artillerie. Le général Berthaut fit cesser le feu et replier lestement les troupes en arrière. Il se montrait fort satisfait de l'attitude qu'avaient eue les mobiles du 2e bataillon du Morbihan. La colonne revint sans pertes, sans blessés même, et rentra dans ses quartiers de Puteaux.

Le général Berthaut rendit bientôt compte de l'affaire à son chef immédiat, le général Ducrot, non sans préconiser la bonne tenue qu'avaient eue sous le feu la 1re et la 2e compagnie du 2e bataillon, Le lendemain 12, la réponse reçue, il écrivit la lettre suivante au colonel de Camas.

Courbevoie, 12 octobre 1870.

Mon cher Colonel,

« J'ai rendu compte à M. le général commandant en che
« l'armée de défense, de l'attitude très satisfaisante qu'ont
« montrée vos deux compagnies pour la première fois qu'elles
« ont subi le feu de l'ennemi. Le général Ducrot m'en a
« témoigné toute sa satifaction dont je suis heureux de vous
« transmettre l'expression.

« Recevez, mon cher colonel, l'assurance de mes sentiments affectueux. »

*Le général commandant les troupes de la rive gauche :*

(Signé) A. BERTHAUT.

Note du colonel de Camas.

Ces troupes sont :

La 1$^{re}$ (capitaine de Cadoudal, Georges) Auray.
La 2$^e$ (capitaine Saulnier, Armand) Hennebont.
du 2$^e$ bataillon de la garde nationale mobile du Morbihan.

(Signé) A. de CAMAS.

Adresse : M. le colonel Filhol de Camas.

Puteaux (1).

Cette lettre flatteuse, quoique évidemment faite pour encourager les jeunes soldats, fut lue dans les deux bataillons avec les rapports du 13 octobre et y fut jointe.

L'affaire du 11 octobre n'avait qu'un caractère purement épisodique. La principale occupation des troupes de la rive gauche consistait à mettre en état de défense et à garder Puteaux, Courbevoie, Suresnes et surtout la grande tête de pont de Courbevoie-Neuilly. Elles avaient encore des travaux de fortification passagère à établir contre l'ouest et le sud. Les mobiles du Morbihan s'installèrent autour de sept postes principaux échelonnés du sud-ouest au nord-est, parallèlement au fleuve, depuis les environs de Suresnes jusqu'à ceux de Courbevoie. Les trois qui se trouvaient le plus en amont constituaient le secteur du 5$^e$ bataillon. Il y avait d'abord celui du barrage ou de l'Ecluse (2) situé à la sortie de Suresnes, en face de la pointe sud-ouest de la longue île de Puteaux, confié au capitaine Desgoulles, chef de la 7$^e$ compagnie (Rochefort). Venait ensuite, toujours en suivant le fil de l'eau, le poste de la maison Rothschild, près de la Seine, commandé par le capitaine Toupriant de la 5$^e$ (Questembert) ; puis celui de la rue de Neuilly, 99$^{bis}$, capitaine de Kerarmel, de la 1$^{re}$ (Allaire). Ensuite commençait la zone du 2$^e$ bataillon, avec l'usine Guillomet gardée par de Francheville, capitaine de la 7$^e$ (Sarzeau) ; c'était, en second lieu, la maison fortifiée du 145 de la rue de Neuilly, confiée à Hémelot, capitaine

---

(1) Archives départementales du Morbihan.
(2) Un homme du 2$^e$ bataillon se noya près du barrage.

de la 5ᵉ (Quiberon-Carnac) ; puis la place de la Croix, occupée par le capitaine Dupaquet, de la 3ᵉ (Belle-Ile) ; et enfin, le réduit sous les ordres d'Armand Saulnier, capitaine de la 2ᵉ (Hennebont). Ce réduit avait pour bastion le temple protestant, considéré comme un des principaux monuments de Puteaux. Là se réunissaient l'état-major du 31ᵉ du Morbihan et ceux des deux bataillons. Chacune de ces barricades ou maisons fortifiées devait être défendue par la compagnie du capitaine qui y commandait et par une ou deux autres établies dans les environs. Les postes les plus importants paraissent avoir été ceux qui gardaient les rives de la Seine ; d'abord celui de l'Ecluse ou du Barrage et ensuite celui de la maison Rothschild. Ils se trouvaient, comme nous venons de le voir, dans le secteur du 5ᵉ bataillon. — Le 5ᵉ fournissait encore une grand'garde composée d'une section (1) à la station de Suresnes (ligne de Paris-Versailles, *rive droite*), au pied même du Mont-Valérien.

Cette petite troupe ne pouvait passer pour bien isolée ; elle se trouvait à un tout petit kilomètre du poste de l'Ecluse et à 300 mètres d'un des angles saillants de la grande forteresse du Mont-Valérien. — Pour les quatre jours qu'elle devait y passer en faction, une des premières consignes lui prescrivait de ne pas se laisser voir. Rien de plus facile d'ailleurs que de se défiler en ce lieu situé, pour ainsi dire, sur les glacis orientaux du fort, entièrement abrité autant contre les coups que contre les regards de l'ennemi retranché à l'ouest, plus exposé peut-être aux lorgnettes de l'ennemi du sud dont les grand'gardes occupaient Saint-Cloud ; de ce côté pourtant la zone intermédiaire ou neutre pouvait encore s'évaluer à trois kilomètres ou au moins à deux kilomètres et demi. Cette section devait donc ne pas se laisser observer d'un peu loin et, ainsi cachée, s'occuper à des travaux de fortification en campagne. Le génie lui fournissait dans ce but 10 pioches, 10 pelles et 4 pics à roc. — On comptait, en effet, d'un côté, relier la Seine et le Mont-Valérien par un système de tranchées, de barricades, de maisons défensives pour arrêter toute tentative de coup de main venu du sud ;

(1) La section était alors composée de la moitié d'une compagnie et la compagnie elle-même, quand elle était encadrée, prenait le nom de peloton. (*Règlement du 16 mars 1869.*)

LE 31ᵉ MOBILES.

de l'autre, fortifier contre l'ennemi de l'ouest les hauteurs du moulin des Gibets, situé à un kilomètre à l'est de Rueil et à la même distance nord-ouest du Mont-Valérien ; fortifier encore, depuis le rond-point des Bergères jusqu'au Mont-Valérien, les crêtes de la colline sur le versant oriental de laquelle est assis Puteaux et qui borde la Seine. En deuxième ligne, les deux bourgs de Puteaux et de Suresnes, dûment aménagés, gardaient les passages de Neuilly-Courbevoie ainsi que la rive gauche du fleuve (1).

Voici maintenant, en raccourci, l'organisation du service et le tableau de la vie quotidienne des mobiles. Généralement casernés dans les vastes locaux de quelque usine, ils allaient, tous les trois jours, accomplir un service de 24 heures dans l'un des postes de leur zone et en occuper les annexes : barricades, maisons défensives, etc. Chaque détachement était sous les ordres d'un officier. Les mobiles ne devaient pas s'éloigner du poste. Ils dressaient leurs tentes-abris, y allumaient leur feu, — de bons brasiers pendant le jour, — y faisaient leur cuisine, y prenaient leurs repas et enfin y couchaient. Les deux autres tiers des hommes demeuraient dans leurs cantonnements, fournissant piquets, corvées, etc., prêts à se jeter, dès la première alerte, dans les postes bien connus qui leur avaient été assignés et où veillaient leurs camarades. Aussitôt l'appel du soir fait, l'extinction des feux et des lumières était de rigueur. Il était même instamment recommandé aux hommes de ne plus sortir de leurs logements et de ne plus se promener dans les rues. Ils n'avaient, à cette heure, qu'à se coucher, tout bruit devait cesser. D'ailleurs un service complet de rondes d'officiers et de patrouilles fonctionnait pendant les nuits, qui commençaient à être longues. Alors, personne, sauf les militaires suffisamment

---

(1) Ce programme de travaux présentait d'autant plus d'utilité et d'à-propos que, précisément, les inspecteurs généraux de l'artillerie et du génie allemands avaient, dès le début du siège, indiqué dans un rapport au roi de Prusse la section de la presqu'île de Gennevilliers, entre le Mont-Valérien et Saint-Denis, comme une des deux zones les plus propices à des travaux d'attaque méthodique et régulière contre la place. L'autre zone était celle du sud devant les forts de Vanves, d'Issy et de Montrouge. Le roi de Prusse décida que, pour commencer, on s'en tiendrait à l'attaque par cette dernière zone. Plus tard, les Allemands voulurent reprendre le projet d'attaque par la presqu'île de Gennevilliers, mais les travaux faits depuis par les troupes françaises — et dont il est ici question — les obligèrent d'y renoncer.

connus et munis du mot d'ordre, ne pouvait, en théorie, franchir les avant-postes. Quiconque ne remplissait pas toutes ces conditions devait passer pour suspect, être arrêté et conduit, dès l'aube, au rond-point de Courbevoie où se tenait l'état-major du général Berthaut. On eut quelque peine à maintenir hommes et gradés dans le juste milieu que demandait l'accomplissement strict, mais intelligent, des consignes. Tantôt les factionnaires laissaient passer des militaires munis du mot d'ordre ou même simplement de permis en règle, mais complètement inconnus, aux uniformes plus ou moins étranges, appartenant à des corps francs ; tantôt ils arrêtaient leurs propres officiers, leurs chefs immédiats. Ainsi, le lieutenant-colonel de Camas se plaignit, par la voie du rapport, d'avoir été un moment retenu par les sentinelles, tandis que, derrière lui, elles laissaient aller, sans plus ample informé, des francs-tireurs parisiens, munis à vrai dire de permissions régulières. — A part ce défaut de tact et de flair, les hommes montaient leurs gardes consciencieusement. L'un d'eux, comme le prescrivaient le service des places et le service en campagne, fit feu sur un individu qui n'avait pas répondu à ses trois « qui vive ». Aussi fut-il félicité par la voie du rapport.

L'observation rigide, mais un peu aveugle, des consignes présentait plus d'inconvénients pendant le jour que pendant la nuit. On se plaignit plusieurs fois à Puteaux de la difficulté que l'on éprouvait de circuler librement dans les rues. Officiers, sous-officiers, gardes-mobiles, habitants ne pouvaient souvent pas aller faire leurs provisions ou vaquer à leurs affaires sans pourparlers, interrogatoires, gênes ou ennuis de toutes sortes. Le lieutenant-colonel de Camas et ses chefs de bataillon firent tous leurs efforts pour enrayer ces abus, rappelant aux chefs et aux sentinelles que, le jour, la ligne d'avant-postes seule devait être barrée, et les personnes qui s'y montraient, observées et contrôlées, que, par ailleurs, ils étaient « responsables de toute vexation imposée arbitrai-
« rement à un individu quelconque, de tout accident, quel
« qu'il soit, causé par une consigne mal donnée ou inventée. »
— « Tous les jours, dit ce même rapport du 20 octobre,
« il arrive que des sentinelles reçoivent des consignes
« absurdes, d'après lesquelles les habitants d'une localité,

« des militaires même du corps, sont pris entre deux postes
« et ne peuvent plus rentrer chez eux. *On* m'a donné cette
« consigne, disent les chefs de poste. *On* endosse toutes les
« stupidités, toutes les bévues. »

Le fait est qu'à cette époque il circulait maints gradés aux attributions mal définies, officiers de corps francs, officiers à la suite, attachés, ou soi-disant tels, à quelque état-major, qui se mettaient assez souvent à donner des consignes aux postes qu'ils rencontraient. Les chefs de poste et leurs hommes, encore novices dans le métier militaire, acceptaient avec trop de soumission les ordres d'un inconnu haut galonné ou chamarré d'aiguillettes. « Messieurs les officiers,
« — disaient le colonel et les commandants du 31e du
« Morbihan, — surtout les commandants de compagnie,
« doivent exercer sur leurs hommes, sur les postes qu'ils
« fournissent une surveillance de tous les instants. Ils doivent
« se faire rendre compte par les sentinelles, mais toujours
« en présence du caporal qui les a placées, des consignes
« qu'elles ont à faire observer. »

Ce service de garde constituait de beaucoup l'occupation principale des mobiles, mais celui des reconnaissances venait souvent rompre la monotonie fastidieuse de cette existence. Le 2e et le 5e bataillon marchaient à tour de rôle. L'unité qui allait en route emmenait tous ses hommes valides, qu'ils fussent de faction ou de piquet ou simplement disponibles. Celle qui restait se chargeait alors des postes démunis et envoyait dans chacun d'eux une demi-section commandée par un officier ou un sergent-major. Toutefois, les deux postes les plus importants du 5e, la maison Rothschild et le Barrage ou l'Écluse, devaient, en cas d'absence de ce bataillon, être occupés chacun par quatre demi-sections du 2e.

A partir du 17 octobre, ceux qui marchaient partaient sans le sac, mais naturellement avec toutes leurs cartouches, puisqu'ils avaient souvent des coups de fusil à échanger avec l'ennemi, quelquefois même à combattre assez sérieusement. On avait déjà formé une sorte de corps d'élite, une section de soixante éclaireurs ou francs-tireurs, composé de 30 hommes du 5e et de 30 hommes du 2e. Le commandement en fut donné au capitaine G. de Cadoudal, qui s'était distingué, nous l'avons vu, au combat du 11. La création de cette section amena quelque complication, car il fallait prélever sur le matériel des compagnies effets de campement et ustensiles de cuisine — chose toujours délicate. Leurs vivres étaient servis dans les compagnies. Ce fut aux officiers chargés des distributions dans les deux bataillons qu'incomba le soin d'assurer leur part à ces francs-tireurs. — Comment les avait-on choisis parmi leurs camarades ? La nécessité d'économiser les munitions, l'état de siège, la nervosité générale n'avaient pas permis d'effectuer des tirs à la cible. Il est donc probable qu'on avait pris, sur la désignation des officiers, les volontaires les plus résistants, les plus intelligents et, en termes militaires, les plus débrouillards.

Par ailleurs, le temps manquait pour continuer d'une façon ininterrompue et méthodique l'instruction militaire des hommes. Ce n'est pas qu'il n'y eût de temps à autre exercice, mais entre les marches, les gardes et les corvées de tout genre, il ne restait qu'une place restreinte et intermittente pour la théorie : la pratique absorbait tout. Le commandant Patissier prescrivait néanmoins aux gradés d'étudier à fond leurs règlements et chargeait les capitaines de s'assurer de leurs connaissances, mais jusqu'au 21 octobre il n'en fut qu'une fois question dans le rapport journalier.

Les chefs de bataillon avaient d'ailleurs tellement à faire, tant de questions à traiter, de décisions et de règlements à maintenir, qu'ils devaient forcément éparpiller d'un jour à l'autre leurs vues et leurs prescriptions. Etant chefs de corps, l'administration et les subsistances réclamaient une grande part de leurs travaux. — Les services de manutention et d'intendance avaient installé leurs magasins de distribution sur les bords de la Seine, près du pont de Neuilly ou du rond-point de Courbevoie. Les ambulances avaient choisi les locaux les plus convenables auprès des unités qu'elles accompagnaient. Bois et vivres ne manquaient pas ; mais les hommes, toujours un peu pillards à l'ordinaire, ne se gênaient pas pour aller chercher du combustible dans les maisons ou les enclos privés ou en puiser dans les abattis d'arbres et les poutres des barricades qui garnissaient les nombreuses fortifications passagères de la place. Il fallut les rappeler au respect des propriétés particulières et des ouvrages défensifs construits contre l'ennemi.

Du 12 au 21 octobre, il y eut inévitablement quelques faits saillants, mais peu nombreux. L'un des plus notables fut presque un fait de guerre. Quelques fractions du 5e bataillon concoururent à une opération qui se répéta ensuite de temps à autre dans la zone neutre comprise entre les avant-postes français et allemands, zone très étendue au sud et à l'ouest. C'était la corvée des pommes de terre, qu'on allait récolter dans tous les champs abandonnés. Le détachement se composait de travailleurs, paysans devenus gardes mobiles et redevenant cultivateurs à cette occasion, portant des pelles, des pioches et des tentes destinées à servir de sacs pour emporter les tubercules déterrés. Un certain nombre d'hommes armés de fusils, les cartouchières convenablement garnies, constituaient leur escorte. Une fois la troupe arrivée dans le champ à fouiller, ces derniers se déployaient en tirailleurs, formant rideau pour protéger leurs camarades qui éventraient les sillons. Ce jour-là, le lieutenant Caradec commandait la corvée. L'opération se poursuivait avec ardeur quand, tout à coup, des balles suivies de détonations sifflèrent çà et là au milieu des travailleurs. Une légère panique se produisit parmi eux et plusieurs, comme à l'arrivée subite d'une averse, allèrent se réfugier dans une maisonnette de jardinier ou un hangar de maraîcher. Le lieutenant accourut : « Allons, les enfants, n'ayez pas peur, leur dit-il, il faut voir ce que c'est. » — Cependant les mobiles armés s'étaient mis en devoir de riposter vigoureusement. M. Caradec leur fit exécuter plusieurs feux de salve sur la patrouille allemande qui avait ainsi troublé la récolte des mobiles. Et les choses en restèrent là.

Le vendredi 14 octobre, le lieutenant Meillet, de la 1re, est reconnu adjudant-major du 5e bataillon ; il entre en charge le dimanche 16. Il remplaçait le lieutenant de Barbeyrac de Saint-Maurice qui quittait le 31e pour aller servir dans un autre régiment. Ce même 16 octobre, on commence à nourrir les hommes avec de la chair de cheval. Les distributions de viande fraîche se faisaient les mardi, jeudi et samedi de chaque semaine. Dorénavant, il serait livré alternativement du bœuf et du cheval. Les officiers supérieurs du 31e jugèrent utile de dissiper par quelques mots les préventions vraisemblables contre la viande de cheval. Ils firent mettre au rapport du dimanche 16 octobre : « *L'expérience de chaque jour démontre que la viande de cheval est excellente et nourrissante.* »

Le lendemain matin, un mobile de Vannes se tua par accident en nettoyant son Chassepot chargé. Ainsi la première victime que les armes à feu faisaient dans le régiment du Morbihan, tombait-elle en pure perte, tuée par sa propre arme, grâce à son imprudence ou à son incurie. Ce malheur était si lamentablement douloureux que pendant deux jours on lut devant tous les hommes, réunis à l'appel de midi, la note suivante : « Un homme du régiment s'est tué en nettoyant son arme chargée. C'est un nouvel avertissement pour les hommes de manier leurs armes avec prudence et d'apprendre à les manier. La mort par le feu de l'ennemi est une mort honorable, utile ; mais il est déplorable qu'un brave soldat se tue par maladresse (1). »

Pendant ce temps, le général Ducrot s'occupait activement d'un grand projet qui lui tenait au cœur et sur lequel il s'accordait, cette fois, avec le général Trochu. Il préparait et méditait une grande sortie par la presqu'île de Gennevilliers. Cette idée constituait le couronnement du système de défense active proposée par le général Tripier, méthode qui avait commencé à être appliquée sur le front sud, mais très vaguement sur le front ouest ; car si Ducrot tenait en haleine et exerçait ses hommes par des reconnaissances continuelles, il n'avait pas mis en pratique le mode de cheminement par tranchées s'avançant de l'intérieur à l'extérieur. On n'avait encore fait que projeter les travaux du moulin des Gibets. Bref, tous les ouvrages entrepris jusqu'alors étaient purement défensifs et ne dépassaient pas le Mont-Valérien.

La presqu'île de Gennevilliers, fermée au nord-est, ouverte

(1) Outre ce mobile du 5e bataillon qui fut victime de son imprudence et tué par son arme en voulant la nettoyer toute chargée, il y en eut un autre du 2e bataillon, (6e compagnie), nommé Carado, de Grand-Champ, qui fut, au cours du siège, blessé par son fusil.

largement au sud-ouest, est constituée par une boucle de la Seine qui, après avoir passé près du Mont-Valérien, Puteaux, Courbevoie, à gauche, et près de Saint-Denis, à droite, en coulant vers le nord-est, s'infléchit à l'ouest, puis bientôt au sud-ouest pour baigner Argenteuil, à droite, et arriver enfin près de Rueil et de Bougival, à gauche. Les Allemands n'avaient dans cette presqu'île que des postes d'observation très clairsemés. Le général Ducrot résolut, pour préparer sa grande sortie sur ce point, de pousser une reconnaissance plus sérieuse et plus offensive que les précédentes contre l'aile gauche des positions ennemies qui fermaient la presqu'île au sud-ouest, couvrant de loin leur quartier général de Versailles. Son but était de refouler les assiégeants le plus loin possible de Rueil, d'occuper fortement les ouvrages ébauchés près du moulin des Gibets et enfin, peut-être aussi, d'essayer et d'aguerrir ses troupes.

Le rapport du vendredi 21 octobre avait été fait comme à l'habitude, quand, après la soupe, vers onze heures, le commandant Patissier reçut l'ordre de rassembler immédiatement tout son bataillon au rond-point des Bergères, où se réunissaient les forces du général Berthaut. — Le 2e, suivant le roulement établi, resta dans Puteaux et y occupa les postes du 5e. — La colonne du général Berthaut devait tenir la gauche entre Rueil et le chemin de fer de Paris à Saint-Germain. A une heure et demie, trois coups de canon tirés du Mont-Valérien à une demi-minute d'intervalle, annonçaient le commencement de l'action. Aussitôt, toutes les batteries françaises ouvraient le feu contre les positions allemandes, qui se trouvèrent bientôt dans l'impossibilité de répondre. Le général Berthaut, comme il l'avait fait dix jours plus tôt, le 11, n'eut qu'à suivre directement la grande route de Paris à Cherbourg jusqu'à Rueil. Là, il se déploya entre le bourg et la voie ferrée.

Il y était à peine arrivé que le feu de l'artillerie française s'arrêta pour ne pas gêner l'attaque. Sa colonne l'entama, sans plus tarder. Les zouaves partirent en première ligne et, ne pouvant aborder de front la grande barricade de l'entrée de Bougival, ils s'égaillèrent à droite et à gauche derrière les abris. Une de leurs compagnies se jeta dans le parc de la

Malmaison à la suite de l'héroïque commandant Jacquot, en côtoya le mur ouest, et y trouvant enfin une petite brèche, en sortit et s'élança hardiment sur les pentes de la Jonchère ; en même temps, d'autres troupes pénétrèrent par diverses brèches dans le parc. Mais celles-ci ont commencé un tir désordonné qui menace d'atteindre les zouaves montés à mi-côte. C'est alors que, pour l'arrêter, les clairons sonnent une première fois : « Cessez le feu ». Les Allemands croyant à la retraite, reviennent de leur surprise, reprennent courage, poussent en avant et menacent d'écraser et de tourner l'audacieuse poignée de braves qui est allée si loin. Le commandant Jacquot envoie demander des renforts au général Berthaut. Ce furent ceux des ennemis, déjà bien supérieurs en nombre, qui arrivèrent les premiers avec toute la landwehr de la garde accourue de Saint-Germain. Cependant le 5e bataillon du Morbihan était aussitôt dirigé avec d'autres troupes sur le parc de la Malmaison. Il trouva toute la ligne française repliée derrière le mur oriental, en avant du château de Boispréau. Malgré les plus brillants efforts, littéralement accablée par le nombre, après avoir perdu presque tous ses officiers et plus de la moitié de son effectif, elle avait dû abandonner non seulement les pentes de la Jonchère, mais encore le parc de la Malmaison, que ces hauteurs dominaient. Elle échangeait une fusillade intense avec les ennemis qui garnissaient en lignes de tirailleurs serrées la colline dont elle venait d'évacuer les rampes moyennes et inférieures. Entraînées par l'arrivée de nos mobiles, les troupes reprirent de l'élan et se mirent en devoir de rentrer dans le parc par différentes brèches. Mais ce ne fut pas sans danger. Un feu terrible, une pluie drue de projectiles s'abattait sur les taillis et les massifs du parc. Ce ne fut pas non plus sans difficultés, les brèches un peu abritées des balles ennemies n'étant ni nombreuses ni bien praticables. Le 5e bataillon du Morbihan fut arrêté un certain temps par un obstacle de ce genre, très longtemps au gré de son chef Patissier. Celui-ci, voyant la première et ardente impulsion de ses jeunes soldats ainsi ralentie dès le début, eût bien voulu avoir quelques pioches du génie à la place des petits outils portatifs attachés aux sacs de ses hommes, pour agrandir et faciliter les ouvertures. Il gardera même un si vif souvenir de ce contretemps qu'on le verra dans presque toutes les rencontres ultérieures porter à la main une grande pioche du génie.

Enfin, les mobiles du 5ᵉ bataillon pénétrèrent dans le parc et se portèrent en avant, mais avec hésitation et peine, tant le feu était violent, tant les projectiles venant on ne savait d'où, sifflaient de tous côtés dans les allées et les fourrés, hachant les ramilles nues des buissons et des arbres. Aussi les jeunes soldats s'éparpillaient-ils pour chercher des abris derrière les bosquets, les arbres et les murs. Maintenus par leurs officiers, ils ne reculaient pas, mais ils n'osaient pas avancer. Beaucoup ne pouvaient faire autre chose ; cette émotion nouvelle et violente les paralysait littéralement. Quelques-uns pourtant trouvaient la réalité bien inférieure à la terrible idée qu'ils s'en étaient faite. Un jeune mobile de la 4ᵉ compagnie (Muzillac) entendant tomber et siffler cette grêle de projectiles invisibles s'écria : — Ce n'est que ça ? — et désormais tranquillisé il bourre et allume sa pipe en chargeant et en déchargeant avec insouciance son arme. Un autre de la 5ᵉ tombe tout à coup. On le croit mort ou tout au moins grièvement blessé, mais bientôt il se relève parfaitement indemne. Il est vrai que son fusil est brisé ou à peu près. Au moment où il épaulait pour tirer, une balle a fracassé la crosse, et la violence du choc l'avait étourdi et renversé. Sous la fusillade et la canonnade des Prussiens qui garnissaient la Jonchère et ses environs, avec une écrasante prépondérance de nombre et une supériorité de feu aussi marquée, il eût fallu des troupes bien aguerries et bien exercées pour gagner du terrain. Et il était loin d'en être ainsi, puisque ces jeunes soldats, connaissant tout juste le maniement de leurs Chassepots et la théorie du tir, n'avaient jamais été à la cible. Néanmoins, le commandant Patissier réussit à porter son bataillon un peu en avant dans le parc et sut le maintenir sur la ligne sans défaillance et sans reculer. Vrai soldat, très crâne dans le danger, n'ayant peur de rien, gouaillant les timides, il inspirait le courage par sa belle attitude.— « Nous avons eu un rude baptême du feu — écri-
« vait trois jours après un mobile à son père.— Ma compagnie
« commandée par Bassac a toujours été portée en avant. Le
« commandant a beaucoup de confiance dans son énergie et
« sa hardiesse qui est parfois de la témérité. De notre côté,

« nous sommes enchantés du brave Patissier qui est un
« véritable père pour nous. La tenue au feu d'Auguste
« Caradec et son sang-froid ont été remarqués. Nous allons
« bien. L'épreuve est faite. On peut compter sur nous... Les
« trois fils de M. de Keyser se portent bien... (1). »

Enfin, le général Berthaut, voyant qu'il n'y avait aucun moyen de reprendre l'offensive, fit pratiquer une grande brèche dans le mur oriental du parc de la Malmaison, et on l'évacua en tenant tête à l'ennemi. Le médecin aide-major du bataillon, Auguste Fouquet, sortit le dernier. Il s'était d'ailleurs fait remarquer pendant toute l'action par son dévouement et son sang-froid, pansant ses blessés avec le plus grand calme, sous le feu violent.

A la nuit tombante — il était cinq heures du soir — le 5e regagnait avec toute la colonne ses quartiers de Puteaux. Il avait éprouvé d'assez fortes pertes : 38 hommes tués ou blessés. Parmi ces derniers, le lieutenant Penhouët, bras fracassé ; les sergents-fourriers J. Homet de la 3e compagnie ; Urbain Mauduit de la 4e. « Il a été blessé, dit une lettre du « 25 octobre (2), à côté de d'Andigné, mais légèrement. Il a « repris son service. Il s'est bravement conduit » ; le sergent Marc Le Mohec, de la 2e (Elven), blessé à la joue dès le début de l'affaire. Malgré cela, il était resté durant tout le combat avec sa compagnie, qu'il avait enlevée par son entrain et sa bravoure.

Le soir, quand la jeune troupe, fière de ce brillant baptême du feu, put prendre un repos bien mérité, ce ne fut pas sans quelque émotion au souvenir des dangers courus. Un de nos petits mobiles en se déshabillant fait tomber une balle de sa capote, et l'impression d'avoir échappé de si près peut-être à la mort est si forte et si saisissante qu'il se trouve mal.

Le lendemain de ce premier et rude engagement, le bataillon se repose. Les appels précisent le nombre des hommes tués ou blessés, et les gradés constatèrent qu'il

---

(1) Extrait d'une lettre insérée dans le *Journal de Vannes*, N° du samedi 5 novembre 1870.

(2) Insérée dans le *Journal de Vannes*, N° du samedi 5 novembre 1870.

manquait plusieurs armes perdues par leurs possesseurs qui étaient pourtant rentrés sains et saufs.

« Dans des compagnies, disait le rapport du 23 octobre, « des hommes ont perdu leur fusil ou leur sabre-baïonnette. « Un soldat, dans aucune circonstance, ne doit se défaire de « son fusil. Tous ceux qui ont perdu leurs armes, hormis les « blessés, le paieront. Le commandant fera passer impitoyable- « ment au conseil de guerre les hommes qui se mettront « dans ce cas. Dorénavant, le lendemain d'une affaire, me « remettre l'état des armes et des munitions qui manqueront. »

Mais tout combat doit comporter une leçon. Le chef du 5e bataillon, vieux militaire, avait vite discerné quels étaient les défauts et les côtés faibles de son bataillon. Ses jeunes soldats, pleins de bonne volonté et de dévouement, avaient montré qu'on pouvait compter sur eux, mais leur instruction s'était dévoilée vraiment insuffisante. Ils ne savaient pas manœuvrer. Surtout « l'école des tirailleurs n'est point faite d'une manière « régulière. On doit se déployer par escouade ou par section. « Lire la théorie. L'apprendre et savoir l'appliquer sur le « terrain ». Ils ignoraient l'art d'utiliser les couverts et les abris sans perdre leur cohésion et sans se pelotonner en petits groupes épars. Où et comment l'auraient-ils appris ? Ils ne comptaient encore que deux mois de service et, sur ces deux mois, la partie réservée à l'instruction avait été noyée dans une multiplicité d'occupations diverses : corvées d'équipe-ment et d'armement, factions et gardes longues et fréquentes, travaux manuels qui accaparaient, dans ces temps de guerre désordonnée, la presque totalité des heures et des jours. La théorie même du tir, qui avait été bien des fois faite et répétée, n'avait pas encore pénétré tous les esprits, plusieurs de ces jeunes villageois l'avaient assez lent. Le lamentable accident du 16 ou du 17 le démontrait avec trop d'éloquence ! — Bien pénétré de l'insuffisance de l'instruction, le commandant décide qu'à l'avenir il y aurait tous les jours en principe exercice de sept à neuf heures et demie du matin pour la troupe, et l'après-midi théorie pratique pour les sous-officiers, caporaux et élèves caporaux, sous la direction de M. Meillet, adjudant-major. « Ne faire que des choses réglementaires : « école des tirailleurs, rompre et former le peloton, marcher « en colonne. Les officiers pourraient y assister. — Chacun

« doit se pénétrer que c'est pour son instruction qu'il
« travaille ». — Un certain temps après, il insistait sur la
nécessité d'apprendre aux hommes à se rassembler rapidement, soit de jour, soit surtout de nuit.

Malheureusement, service des places et service de génie vinrent encore traverser plus ou moins les projets d'instruction militaire. Le général Ducrot imprimait à ses ouvrages, à ses constructions, et par suite à ses postes, un développement de plus en plus continuel. Dès le 22 octobre, les travaux du moulin des Gibets furent vigoureusement entamés, et quelques jours après une forte redoute était construite et armée de grosses pièces. Ce même 22 octobre, le général Berthaut établissait une compagnie de grand'garde qui, prise dans les deux bataillons réunis du 31e, aurait à surveiller la voie ferrée de Paris à Versailles (rive droite), entre le pont des « cinq arches » et le cimetière de Suresnes, puis le terrain compris entre le cimetière de Suresnes et la Seine, un peu en avant du poste de l'Écluse, confié aux 6e et 7e compagnies du 5e bataillon. Cette grand'garde était, comme d'habitude dans les manœuvres à cette époque, divisée en deux sections, dont le rapport indiquait avec minutie l'emplacement. La compagnie montante arriverait à neuf heures du matin, ayant mangé la soupe ; elle préparerait le soir son repas et le consommerait aux avant-postes. Enfin, le 26 octobre, un capitaine fut désigné pour passer la nuit au moulin des Gibets.

A partir du 23 octobre, l'appel principal, qui se faisait en théorie à midi, fut avancé et mis à onze heures, les hommes étant sous les armes « de manière que personne n'ait de
« prétexte pour y manquer, et qu'on ait le temps de se pré-
« parer à aller aux distributions.— Sous aucun prétexte, offi-
« ciers ou sous-officiers ne doivent détourner les hommes de
« l'appel, à moins d'ordre spécial du chef de bataillon .»
Cependant il fut mis quelquefois, par exception, à une heure dans les chambrées quand il faisait trop mauvais, car les 28 et 29 octobre, la pluie tomba fréquemment et le vent fit rage.

Les hôpitaux commençaient alors à s'emplir. Les soldats qui y étaient envoyés emportaient tous leurs effets, aussi bien ceux qui leur avaient été distribués que ceux qui leur appartenaient personnellement, aussi bien les fournitures que les armes, tout, sauf les cartouches qu'on répartissait entre leurs camarades. Mais afin sans doute d'avoir le temps suffisant pour procéder à cette opération et de leur laisser celui de faire leur petit déménagement, les malades ne partirent plus pour l'hôpital que le lendemain de l'ordonnance médicale qui les y envoie, à moins toutefois que celle-ci ne soit accompagnée du mot « urgence ». Des cas nombreux de variole s'étant produits, on procéda, le 26, à une nouvelle vaccination des hommes. « Nous avons une centaine de malades de la variole » — écrivait, le 24, un officier du régiment (1). Le 25 octobre, le rapport faisait mention de Pierre-Marie Rio, du 31e, décédé à l'ambulance de Saint-Germain-l'Auxerrois. Cinq jours après, un jeune soldat est envoyé d'urgence à l'hôpital. Le malheureux était atteint d'aliénation mentale.

En même temps une courte note, plus consolante, consacrait ces quelques mots à un trait de simple et gracieuse probité : « Un garde du régiment, le nommé Quinjo Joseph, de la 1re « du 2e bataillon (Auray), a rapporté à une pauvre vieille « femme une pièce d'or qui lui avait été remise par erreur « pour une pièce d'argent. Cet homme n'a fait que son « devoir. Mais il est bon de signaler les hommes qui s'honorent « ainsi dans quelque circonstance que ce soit. »

Dans toute cette dernière décade d'octobre, la question habillement, équipement, propreté, prit une grande part des préoccupations quotidiennes. Le 24, distribution de souliers : chaque compagnie a droit à une dizaine de paires. En même temps, distribution de cartouches. Le 25, revue stricte des effets, armes, équipements, par les commandants de compagnie. Faute de numéros matricules et de livrets, des étiquettes doivent être cousues sur les effets d'habillement comme signes d'identité. Le chef du 5e bataillon se promet de passer lui-même souvent des petites revues au hasard de ses promenades journalières. Il défend à plusieurs reprises aux hommes de mettre, les jours ordinaires, leurs pantalons neufs, de porter, comme plusieurs le faisaient, deux pantalons.

(1) Extrait d'une lettre parue dans le *Journal de Vannes*. No du 5 novembre 1870.

Le 26, distribution de capotes en remplacement des vestes ; de galons pour les gradés qui n'en portaient pas encore sur leurs vestes. Il va falloir profiter de tous les moments libres pour étiqueter et marquer les effets. Cette opération continue le 28, mais les compagnies ne mettent pas beaucoup de bonne volonté aux échanges ; les unes n'aiment pas donner, les autres n'aiment pas demander et chercher. Aussi, le commandant déclare-t-il qu'il rendra les capitaines responsables de l'habillement défectueux de leurs hommes. Il leur faudra aussi établir des ateliers de tailleurs et de cordonniers. On voit que le travail ne manquait pas, et cependant, comme le progrès ne comporte pas toujours une simplification, ils durent compliquer légèrement la comptabilité de leurs ordinaires, en retenant, à partir du 26 octobre, un sou par homme, pour subvenir aux dépenses d'éclairage, de balayage et de perruquier.

Le commandant Patissier était un chef non seulement très juste, mais encore paternel et bienveillant ; cependant, inexorable sur la question de la discipline, il sévissait avec une extrême sévérité. Plusieurs soldats avaient été punis de prison. Ils touchaient leur prêt comme les autres, sauf ceux qui avaient perdu des effets par leur faute, auxquels il était prélevé des retenues sur leur argent de poche, mais ils n'avaient pas droit aux distributions de vin et d'eau-de-vie. Leurs camarades recevaient donc des spiritueux, ce que justifiait du reste l'humidité froide de cet automne tempêtueux et pluvieux. Néanmoins, ils se rappelaient peut-être que l'alcool était fortement déconseillé un mois plus tôt.

D'autre part, le chef du 5ᵉ bataillon, qu'obsédait toujours l'ambition de se créer un bataillon modèle, un vrai corps d'élite, voyait une de ses ambitions à la veille de se réaliser : ses compagnies allaient enfin jouir de batteries de tambours et de sonneries de clairons. Le 25 octobre, il répartissait les élèves tambours et clairons entre ses compagnies. Le tambour-maître, caporal-tambour, restait hors cadre, en subsistance à la 2ᵉ.

Le 28, le 5ᵉ bataillon fournit de nouveau un détachement pour la corvée de pommes de terre. Cette fois, on précisa soigneusement ses consignes ; son chef eut pour instruction formelle de ne pas laisser les hommes s'approcher des propriétés bâties. La troupe désignée dut se rassembler à onze heures et demie devant le logis du commandant. D'ailleurs l'expédition, contrairement à la précédente, quinze jours auparavant, ne présenta pas la moindre péripétie.

Le jour même, à quelques lieues de là, sur le front nord, le général de Bellemare, qui commandait toute la zone de Saint-Denis, faisait enlever le Bourget par des francs-tireurs soutenus par quelques bataillons de ligne. Il était tout acquis à la défense active et voulait élargir autant que possible le cercle d'investissement contre lequel il jouait ainsi des coudes. Le mouvement trouva, comme il fallait s'y attendre, un écho chez son voisin du sud-ouest, le général Ducrot, qui fit sans délai exécuter, le 30 octobre, de rapides travaux de fortification. Il fallait évidemment que l'urgence en fût grande, car ce 30 était un dimanche et le 5ᵉ bataillon eut à fournir 400 travailleurs, près de la moitié de son effectif. A cinq heures et demie du matin, après avoir pris le café, ils se rassemblèrent sur la place de la Croix à Puteaux et partirent avec leurs fusils et leurs cartouchières en plusieurs détachements. Le commandant, qui voulait entraîner ses hommes sur le terrain du travail comme sur celui du combat, marchait avec le premier. C'est en ce jour, sans doute, qu'un témoin oculaire, un de ses officiers probablement, particulièrement frappé de sa belle allure, fixa pour toujours les traits caractéristiques de sa figure dans sa mémoire. Désormais, lorsque sa pensée reviendra à son chef vénéré, il lui apparaîtra comme à cette date du 30 octobre, « vêtu de sa capote, son épée de « capitaine des grenadiers passée au travers de sa ceinture, et « à la main une forte pioche de sapeur du génie .» A ce propos, ajoutons encore ici ce que ce même témoin, immédiatement avant de relater cette vision de son souvenir, disait du commandant Patissier : « Toujours vivant avec ses officiers, « il apprenait à ceux-ci à aimer leurs soldats et à se pré- « occuper de leurs besoins. Sa physionomie en ces jours « d'espérance mériterait un portrait écrit de main de « maître (1). »

(1) Notice de quelques pages intitulée « *Charles Patissier* », parue vers 1877 (?) et signée E. B.

✠

Pendant que les mobiles des 2e et 5e bataillons travaillaient aux environs de Puteaux pour fortifier leurs lignes, les Prussiens reprenaient le village du Bourget, grâce au manque de toute direction supérieure du côté français, à l'insuffisance des mesures techniques prises pour le conserver, et enfin à la faible valeur militaire de certains contingents des mobiles de la Seine, déjà démoralisés, il faut le dire, par l'absence de toute distribution de vivres. Néanmoins, les meneurs démagogues qui avaient indirectement contribué à cet échec par leur déplorable influence sur beaucoup de jeunes recrues parisiennes, ces écrivains et semeurs d'émeute exploitèrent l'insuccès pour soulever la populace des faubourgs. Dès le 30 octobre même, le résultat néfaste du combat transpira presque instantanément, bruit aggravé encore par une autre nouvelle bien pire apportée le matin même par M. Thiers, celle de la désastreuse capitulation de Metz. L'effervescence se manifesta bientôt assez fortement pour qu'on eût tout lieu de s'attendre aux pires événements, quand l'*Officiel* publierait, le lendemain, ces malheurs. Aussi le 30, avant midi, on manda de suite à Paris, entre autres, le 1er bataillon du Morbihan, alors en garnison au fort de Nogent. Laissons ici la parole au capitaine du Bouëtiez : « Vers la fin d'octobre,
« le bataillon reçut, un matin, l'ordre du départ avec armes
« et bagages. A onze heures, les hommes étaient prêts, et le
« soir, vers quatre heures, le bataillon faisait son entrée dans
« les bâtiments du nouvel Hôtel-Dieu, établissement inachevé,
« situé entre la basilique Notre-Dame et la place de l'Hôtel-
« de-Ville.

« Les salles étaient grandes, humides, froides. Le soldat
« n'avait que le plancher pour lit et, s'il était plus à l'abri
« que sous la tente de Nogent, il n'avait plus, en revanche,

*Émeute à Paris. Le Gouvernement de la Défense nationale assiégé à l'Hôtel de Ville. Intervention du 1er Bataillon (31 Octobre et 1er novembre 1870).*

« la petite litière de paille qui rendait sa couche un peu
« moins dure... (1). »

Le lendemain de l'arrivée du 1er bataillon, le lundi 31 octobre, l'émotion populaire prit de bonne heure une tournure tout à fait menaçante. Dès huit heures du matin, les attroupements étaient nombreux et la foule houleuse. Bientôt, les délégués de vingt arrondissements de Paris décident l'envahissement de l'Hôtel de Ville, la déchéance du gouvernement et la proclamation de la Commune. En effet, vers midi, l'Hôtel de Ville est assiégé par d'immenses bandes d'émeutiers. Le gouvernement de la défense nationale, prévenu, accourt. Ce qui n'empêche pas la populace séditieuse d'envahir presque en même temps l'édifice. A quatre heures du soir, la petite salle où sont entassés tous les membres du pouvoir légal est forcée et ceux-ci deviennent prisonniers des perturbateurs. L'orgie et le désordre révolutionnaires battirent alors leur plein. Cependant Ernest Picard avait pu s'échapper. Il manda aussitôt le général Ducrot, qui se trouvait loin de là, à son quartier général de la porte Maillot, et fit battre la générale.
« C'est alors que le 1er bataillon du Morbihan prit les armes,
« se massa en avant du pont qui débouche sur l'ancienne
« place de Grève, prêt à marcher au secours du général.
« Bientôt on annonça qu'un bataillon de la garde nationale,
« commandé par un ancien lieutenant de vaisseau, le comte
« de Crisenoy, avait pénétré dans l'Hôtel de Ville et délivré
« les membres du gouvernement prisonniers des émeutiers,
« que dirigeait Flourens (2). »

En réalité, c'était le 106e de la garde nationale, commandant Ibos, qui avait pu, vers huit heures du soir, percer jusqu'à la pièce où les membres de la défense nationale étaient entassés, gardés à vue et menacés par Flourens et les autres agitateurs. Il réussit à emmener le général Trochu, à la suite duquel quelques autres, dont Jules Ferry, préfet de la Seine, trouvèrent moyen de se faufiler dans l'obscurité et la cohue. Mais le reste demeura sous l'œil menaçant et entre les mains des émeutiers des faubourgs. Ce ne fut que le 1er novembre,

(1) *Le bataillon de Lorient*..... par A. du Bouëtiez de Kerorguen, op. cit.
(2) *Le bataillon de Lorient*.... par A. du Bouëtiez de Kerorguen, op. cit.

à une heure du matin que le préfet de la Seine ayant pu réunir toutes les troupes sûres du voisinage, délivra enfin le reste du gouvernement. Alors seulement les Morbihannais du 1er bataillon oubliés et restés à leur poste apprenaient « que les mobiles
« du Finistère occupaient l'intérieur de l'Hôtel de Ville pendant
« que trois bataillons des Côtes-du-Nord venaient se ranger en
« bataille sur la place même. Comme l'on croyait à un retour
« offensif de l'émeute, le 1er bataillon passa toute la nuit sac au
« dos, massé sur un des côtés de la place Saint-Michel, pendant
« que les autres côtés de la place et une partie des boulevards
« adjacents étaient occupés par les mobiles de la Loire-Infé-
« rieure et par deux bataillons vendéens.

« On s'attendait à chaque instant à être engagé avec les
« habitants de Belleville. Il n'en fut rien. Devant la ferme
« attitude de la garde nationale fidèle et surtout de la garde
« mobile bretonne, les émeutiers renoncèrent à leurs projets,
« et à cinq heures du matin, les troupes qui avaient beaucoup
« souffert du froid de la nuit rentrèrent dans les casernes.

« Les deux jours suivants, des bruits alarmants ayant de
« nouveau couru, l'Hôtel de Ville fut encore entouré d'une
« double ceinture de gardes nationaux et de mobiles bretons ;
« le 1er bataillon resta deux jours de suite (les 1er et 2 no-
« vembre) rangé en bataille de six heures à minuit, couvrant
« les derrières du palais municipal (1). »

Le gouvernement de la défense nationale, déconcerté par cette humiliante et dangereuse mésaventure, se résolut de recourir à un procédé fort reproché par la plupart de ses membres au régime de Napoléon III et se fit plébisciter le 3 novembre. « Une immense majorité donna un éclatant témoi-
« gnage de confiance au gouvernement, par un vote approbatif
« à peu près unanime », disait en 1871 le capitaine du Bouëtiez de Kerorguen, ou plus exactement, comme l'a écrit depuis le lieutenant-colonel Rousset dans son *Histoire générale de la guerre franco-allemande (1870-1871)* : « 560.000 voix contre
« 60.000 déclarèrent qu'on préférait les premiers — les
« membres du gouvernement de la défense nationale — aux
« seconds — les sectateurs de la Commune... »

(1) *Le bataillon de Lorient.....* par A. du Bouëtiez de Kerorguen, op. cit.

« Le corps des officiers du 1er bataillon donna, lui aussi, son
« vote de confiance en envoyant l'adresse suivante au général
« Trochu :

« Général,

« Les officiers du 1er bataillon de la garde mobile du Mor-
« bihan vous adressent leurs félicitations sur l'heureuse issue
« de la nuit du 31 octobre.

« Ils protestent de toutes leurs forces contre ces criminelles
« tentatives de renversement dirigées contre le gouvernement
« de la défense nationale, le seul que la Province ait reconnu,
« le seul auquel ses bataillons soient décidés à obéir.

« Pour notre département, pour la Bretagne dont les
« enfants sont accourus de toutes parts à la défense de la
« capitale, nous sommes fiers de vous voir à la tête du Gouver-
« nement, entouré d'hommes illustres parmi lesquels nous
« voyons figurer deux représentants de notre vieille Province,
« MM. Jules Simon et le général Le Flô.

« Continuez vos héroïques efforts pour la défense du pays,
« en dédaignant les injustes attaques de ces hommes qui
« oublient que notre devise à nous, enfants de la Bretagne, sera
« toujours : *Potius mori quam fœdari*.

« Votre présence au pouvoir est pour nous un gage de
« confiance et d'espoir, car nous savons que votre nom,
« désormais célèbre, veut dire : courage, honnêteté et
« dévouement à la patrie. »

« MM. Dauvergne capitaine, du Bouëtiez de Kerorguen,
« lieutenant, et Firmin Jullien, sous-lieutenant, furent
« chargés d'aller la remettre au gouverneur de Paris. Le
« général était à cheval et s'apprêtait à sortir. Il fut prévenu
« de l'arrivée de la députation et de son origine par ses offi-
« ciers d'ordonnance, deux Lorientais : M. le capitaine
« Lestrohan, beau-frère de M. Ouizille, et M. de Langle
« de Cary, qui devait être si dangereusement blessé à l'affaire
« du 19 janvier. Aussitôt, le général s'avança au-devant des
« délégués morbihannais et serra affectueusement la main du
« capitaine Dauvergne, en lui disant :

« Remerciez bien de ma part les officiers du 1er bataillon,
« dites-leur combien je suis sensible à ce témoignage de

« sympathie venant de mes compatriotes, dites-leur que je
« ferai ce qui dépendra de moi pour justifier leur confiance.
« De l'union, du courage et de la persévérance, et la France
« sera sauvée (1). »

Quelques jours après le vote plébiscitaire qui affermit l'autorité du gouvernement de la défense nationale, c'est-à-dire le vendredi 11 novembre, le 1er bataillon reçut l'ordre de se mettre en route pour rejoindre les deux autres bataillons du Morbihan.

Aux 2e et 5e bataillons n'était parvenu que le bruit à demi étouffé de ces lamentables événements des 31 octobre et 1er novembre. Rien ne changea ensuite dans les ordres généraux, à part l'exécution des batteries et sonneries réglementaires, jusqu'alors suspendue, sans doute à cause du voisinage de l'ennemi. « D'après ce qui se passe autour de « nous — dit le rapport du 1er novembre — cette consigne « n'existe plus », probablement pour prouver aux Prussiens que l'armée régulière vivait toujours, que l'émeute n'avait pas triomphé.

Cependant les succès des Allemands au Bourget, la nouvelle de la capitulation de Metz et la perspective d'une guerre civile éclatant à l'intérieur de Paris, paraissaient devoir exalter le moral de l'armée ennemie et la porter aux coups d'audace. Aussi exigea-t-on une vigilance plus active et plus soutenue. Le commandant Patissier remarqua que dans cette nuit du 31 octobre au 1er novembre si agitée à Paris, les sentinelles ne montaient pas leurs factions assez consciencieusement, que caporaux et sous-officiers semblaient eux-mêmes se relâcher de leur surveillance, que la moitié de leurs hommes n'étaient pas, les armes en main, occupés à veiller, comme ils eussent dû le faire. Or, l'ennemi pouvait surgir d'un moment à l'autre. Patissier menaça d'une punition sévère tous ceux, hommes ou chefs de poste, qu'il trouverait en défaut.

En même temps, il prescrivait des théories sur le service des rondes et des patrouilles et donnait des avis sur la manière de placer les sentinelles de grand'garde ; celles-ci

(1) *Le bataillon de Lorient.....* par A. du Bouëtiez de Kerorguen, op. cit.

devaient être doublées : « Les chefs de poste doivent faire « comprendre aux hommes placés aux avant-postes que de « leur vigilance dépend la sécurité des troupes situées en « arrière de leur position. » D'autres recommandations concernaient la ligne de conduite à tenir en cas d'attaque de l'ennemi. Il fallut aussi revenir sur la liberté de la circulation dans Puteaux. De nouvelles précisions étaient nécessaires. « Seule la compagnie de grand'garde et le détachement de la « gare (de Suresnes) ont qualité pour empêcher de dépasser les « avant-postes. » Les travaux continuaient sans répit. Dans ces premiers jours de novembre encore, de midi à 2 heures, les jours où le service de garde et les circonstances le permettaient, on insistait sur l'école des tirailleurs, l'école de peloton, ce qui correspondait alors à l'école de compagnie d'aujourd'hui. Le matin était consacré aux travaux de propreté ainsi qu'à une théorie sur le montage, le démontage et le nettoyage des armes ; mais « si les hommes continuaient à se « négliger, à ne pas raccommoder leurs vieux effets, le com-« mandant prescrirait l'exercice dans la matinée comme « dans l'après-midi (1). »

Les deux bataillons du Morbihan allaient bientôt quitter leurs quartiers de Puteaux et les transporter quelques cents mètres plus loin, à Suresnes. C'était pour faire place aux mobiles de Seine-et-Marne, et aussi avancer vers le sud la ligne de défense. Le matin du jeudi 3 novembre, le lieutenant-colonel de Camas indiqua aux officiers de détail les nouveaux emplacements : un peu en amont du pont coupé de Suresnes, aux portes sud-ouest de cette petite localité qui comptait alors quatre milliers et demi d'habitants, pour la plupart vignerons et blanchisseurs. Les cantonnements y consistaient plutôt en maisons particulières et en villas qu'en locaux d'ateliers et d'usines comme à Puteaux. Le colonel de Camas devait habiter une villa de la rue de Neuilly. Le samedi 5 novembre, vers huit heures du matin, les chefs de bataillon Patissier et Buriel gagnèrent leurs nouveaux logements de Suresnes. La troupe mangea la soupe à neuf heures, et à dix, les deux bataillons quittèrent leurs casernements. Les sergents-majors étaient

---

(1) Extraits du cahier de rapports du 5ᵉ bataillon

déjà, comme d'habitude, rendus au poste central de Suresnes. Une fois arrivés, les officiers des diverses unités visitèrent leurs cantonnements et, quand l'installation eut été faite, on envoya chercher le surplus des bagages. Le sous-lieutenant Charier demeura préposé aux travaux de fortification. Le 5e bataillon se fit remettre par le détachement qui auparavant travaillait à Suresnes, le long de la voie ferrée, tous les outils du génie mis à sa disposition. A la compagnie de grand'garde que le 31e du Morbihan fournissait pour surveiller, et au besoin défendre les abords de la voie ferrée, allait dorénavant échoir un nouveau secteur : celui qui, au sud-ouest de Suresnes, était compris entre le chemin de fer et la rive gauche de la Seine. Le premier devoir et le premier soin des gradés fut, comme à Puteaux, d'étudier les terrains situés aux abords de leur cantonnement, et de se rendre compte, chacun dans sa mesure et suivant sa compétence, des travaux à entreprendre, des logements disponibles à utiliser.

Dans la nouvelle répartition des travaux, le 5e bataillon avait une part notablement supérieure à celle du 2e. Aussi, à dater du 5 novembre, ce dernier mit 50 hommes à la disposition du commandant Patissier. Le dimanche 6 novembre, repos et installation. Les capitaines firent déposer dans des pièces à part les meubles des chambres occupées par la troupe. Le chef de bataillon voulait aussi voir « disparaître « toutes les guenilles que les hommes portent ». Ils ne devaient conserver de leurs effets civils que les indispensables, et ces derniers, comme les fournitures militaires, seraient marqués, s'ils ne l'étaient déjà. D'une façon générale, le commandant voulait que l'ordre et la propreté régnassent sur les choses comme sur les personnes, dans les locaux de casernement comme parmi ses soldats. Il pensait toujours voir en détail avec l'examen le plus minutieux le bataillon entier. Mais les circonstances de cette vie mouvementée ne le lui permettront jamais. Il ne pourra que l'inspecter successivement, à intervalles plus ou moins éloignés, compagnie par compagnie, tantôt sur un point, tantôt sur un autre et jamais d'une façon aussi approfondie qu'il l'eût désiré. Le 7 novembre, il visita et inspecta les casernements et s'assura par lui-même de la complète observation de ses ordres.

L'exercice tenait la plus grande part dans ses préoccu-

pations. Aussitôt le bataillon rendu à Suresnes, il fit choisir par l'adjudant-major Meillet un terrain convenable pour manœuvrer et faire la théorie pratique. Celle-ci allait avoir dorénavant lieu le matin de sept à neuf heures ; l'exercice de deux à quatre l'après-midi. École de peloton, école des tirailleurs prédominaient avec recommandation réitérée de les faire réglementairement. Mais l'instruction, pour importante qu'elle était, se trouvait forcément réduite au rôle de simple intermède. Dans leur nouvelle résidence, les mobiles continuaient à donner la plus grande partie de leur temps aux factions et au travail de fortification. L'attention des chefs se portait d'ailleurs plus encore que par le passé sur le service des grand'gardes. Ils en exigèrent les précautions plus grandes et leur donnèrent des consignes plus sévères : « Des gardes nationaux, des irré-
« guliers — dit le rapport du 6 novembre — dépassent
« les avant-postes de jour et de nuit sans autorisation,
« MM. les chefs de grand'garde sont invités à arrêter et même
« à désarmer tout ce qui n'est pas parfaitement en règle. » —
Et celui du 11 — « Exercer une surveillance active sur les
« maraudeurs qui n'ont pas de laisser-passer, les arrêter et les
« conduire au poste de la *Sédentaire* à la mairie de Suresnes. »

« Les compagnies de grand'garde ne doivent pas faire de feu
« la nuit. La soupe doit se faire dans un endroit caché,
« derrière des murs. Le soir, les sentinelles doivent être
« alertes et toujours sur le qui-vive. Bien observer ce qui se
« passe en avant et autour d'elles. Éviter de tirer des coups de
« fusil, à moins que ce ne soit à coup sûr. » Le capitaine Desgoulles qui commandait dernièrement le poste le plus important du 5e, celui de l'Écluse, fut, pour ainsi dire, spécialisé par son chef Patissier dans l'instruction et la direction de ce service principal.

— 73 —

**Préparatifs de sortie**

Le rapport du mardi 8 novembre contenait un ordre général de la plus haute importance. Toutes les troupes qui défendaient Paris étaient divisées en trois armées dont la seconde, évaluée à 105.000 hommes et possédant 288 pièces de campagne, était confiée au général Ducrot. Le 31e régiment du Morbihan formait, avec le régiment de mobiles de Seine-et-Marne, la 2e brigade, lieutenant-colonel Colonieu (1). (La 1re brigade, comprenant le 4e zouaves et le 136e était sous les ordres du colonel Fournès) (2) de la 1re division, général Carey de Bellemare (3) du 3e corps, général d'Exea, de la seconde armée. En même temps, le lieutenant-colonel de Camas passait de nouveau colonel et recevait le commandement d'une brigade de la 3e armée (4). Le commandant Tillet, chef du 1er bataillon,

---

(1) Le lieutenant-colonel Colonieu, qui sera promu colonel avant la fin du siège, deviendra plus tard divisionnaire. C'est à ce titre qu'il ira de 1888 à 1892 commander à Vannes la 22e division militaire.

(2) Le colonel Fournès, promu général vers la fin du siège, a commandé à Vannes la 43e brigade d'infanterie en 1881.

(3) Le général Carey de Bellemare, sous les ordres duquel le 31e du Morbihan restera jusqu'à la fin du siège, n'était alors que général de brigade quoiqu'il fît les fonctions de général de division. C'était un des officiers généraux les plus remarquables de l'armée de Paris. Jeune encore, intelligent, entreprenant, énergique, il ne se laissera jamais gagner par le découragement et ne se résignera en aucun moment à considérer la partie comme définitivement perdue. Au début de la guerre, il se trouvait comme colonel à la tête du 78e de ligne. Il fut nommé général de brigade le 25 août, après la bataille de Freschwiller, et passa dans l'armée de Châlons. C'est ainsi qu'il assista au désastre de Sedan, mais, dans le conseil de guerre tenu le 2 septembre, il fut le seul, avec le général Pellé, à protester contre la capitulation, qu'il déclara ne pas accepter pour son propre compte. Aussi, son officier d'ordonnance et lui, déguisés en paysans, essayèrent-ils de franchir les lignes allemandes par le nord, qui était la zone la moins gardée. Leur tentative réussit : ils gagnèrent la frontière belge le 6 septembre, et dans la nuit du lendemain au surlendemain arrivèrent à Paris. Le général de Bellemare a laissé des notes inédites sur le siège, qui ont été largement utilisées par M. Alfred Duquet dans son ouvrage : *Guerre de 1870-1871*. Paris.

(4) Voici le texte de sa lettre de service :
« Le ministre de la guerre informe M. Filhol de Camas (Armand), colonel d'infan-

nommé lieutenant-colonel, le remplaçait à la tête du 31e. Son bataillon allait trois jours plus tard se joindre aux deux autres à Suresnes, de façon que le régiment du Morbihan fût au complet.

Tous ces faits, en y joignant encore l'arrivée des mobiles de Seine-et-Marne à Puteaux et le déplacement des 2e et 5e bataillons, se rapportaient à la préparation de la grande sortie que le général Ducrot ne perdait pas de vue. Dans son plan, il s'agissait toujours de percer les lignes ennemies par le nord-ouest de Paris et la presqu'île de Gennevilliers. Les travaux autour du Mont-Valérien avaient pris une extension considérable et les grandes reconnaissances faites par Courbevoie, Saint-Denis et Asnières avaient assuré aux assiégés la semi-possession de la presqu'île. Pour en revenir au 31e, le colonel de Camas lui fit, le 9 novembre, ses adieux en ces termes :

« Le gouvernement vient de m'appeler à servir la patrie
« dans un autre emploi. J'aurais voulu conserver votre com-
« mandement, soit en restant au poste qui vous est assigné,
« soit en vous emmenant avec moi ; mais, bien qu'éloignés
« momentanément, nous nous retrouverons, je l'espère.

« En vous quittant, je dois vous remercier des vives satis-
« factions que vous m'avez données par votre bonne volonté,
« votre docilité, la bravoure que quelques-uns ont été appelés
« à montrer devant l'ennemi et qui est un garant pour ceux
« d'entre vous qui n'avez pas eu la même occasion.

« Je vous dois aussi quelques conseils. Continuez à obéir à
« vos chefs, à suivre leurs prescriptions. Chefs, occupez-vous
« de vos hommes, guidez-les ; étudiez pour être à même de
« les diriger, de les commander. Là est votre gloire aux uns
« et aux autres, parce que là est la discipline qui seule peut
« encore faire le salut de la patrie.

« Au revoir, à bientôt, je l'espère ! Au moment de m'éloi-

« terie en retraite, commandant le 31e régiment de la garde nationale mobile
» (Morbihan), que, par décision du 6 novembre 1870, il est nommé au commande-
« ment de la 1re brigade de la 3e division de la 3e armée, placée sous le commande-
« ment spécial du gouverneur de Paris.
« Cette lettre lui servira de titre dans l'exercice de ses fonctions.
        « Paris, le 7 novembre 1870.
                              « (Signé :) Gal Le Flô. »

« gner du régiment, j'ai la bonne fortune d'avoir à lui faire
« connaître que Le Mohec, Marc, sergent à la 2e compagnie
« du 5e bataillon, qui a été cité par son chef de bataillon
« comme s'étant conduit en brave soldat, le 21 octobre, au
« combat de la Malmaison, est décoré de la médaille
« militaire.

« M. le commandant Patissier prendra dès aujourd'hui et
« provisoirement le commandement des deux bataillons can-
« tonnés à Puteaux et à Suresnes.

« A midi, je verrai successivement toutes les compagnies
« qui seront sur mon passage rassemblées devant le canton-
« nement, sans armes. Je commencerai par la 1re compagnie
« du 2e bataillon. »

(Signé :) de Camas (1).

Le commandement provisoire confié par M. de Camas au chef du 5e bataillon devait durer quatre jours tout au plus. Patissier ne proclama néanmoins que le lendemain, 10 novembre, la belle distinction dont le sergent Marc Le Mohec venait d'être l'objet.

« Le commandant est heureux de porter à la connaissance
« du bataillon qu'à la suite du combat du 21 octobre à
« La Malmaison, le sergent Le Mohec de la 2e compagnie
« vient de recevoir la médaille militaire, en récompense de
« la conduite qu'il a tenue dans la journée.

« Tout en félicitant le sergent Le Mohec, le commandant
« espère que cette récompense servira d'émulation et que
« dans toutes les circonstances où le bataillon sera appelé à
« agir, il saura se faire remarquer par son élan, sa discipline,
« et fera bravement son devoir comme de vrais enfants de la
« Bretagne dont la devise est : Dieu et patrie. »

Suresnes, le 10 novembre 1870.

(Signé :) Patissier (2).

Le 1er bataillon arriva donc le 11 novembre au soir à Suresnes. Désormais son chef allait être le capitaine

---

(1) Cahier de rapports du 5e bataillon.
(2) Idem.

Dauvergne de la 1re, à titre, du reste, essentiellement provisoire, puisque les votes des gardes de cette unité devaient seuls pourvoir à la succession vacante du commandant Tillet. Cet ancien officier supérieur d'infanterie de marine placé à la tête du 31e du Morbihan, était fort apprécié par ceux qui le connaissaient ou qui avaient servi sous ses ordres. Il jouissait de la réputation d'excellent organisateur, de supérieur paternel et bienveillant, et il passait, à juste titre, comme il le prouvera bientôt, pour très brave. Le dimanche 13 novembre, à onze heures et demie, tous les officiers se réunirent en tenue chez les chefs de leurs bataillons respectifs et avec eux allèrent rendre visite au lieutenant-colonel Tillet. Le lendemain soir, à sept heures et demie, les officiers des 2e et 5e bataillons offrirent le punch de bienvenue à leurs camarades du 1er, dans le café du « *Roi de Suède* » à Suresnes. Ils n'avaient jusque là guère vécu ensemble ; c'est tout au plus si ceux du 1er et du 2e avaient pu voisiner et lier un peu connaissance à Paris, entre le 15 et le 21 septembre. Quant aux officiers et sous-officiers du 5e, cantonnés au boulevard Magenta, ils n'avaient eu que peu l'occasion de voir leurs compatriotes du 1er installés à la Villette. Aussi, comme tous étaient de la même région vannetaise et avaient généralement quelque point d'attache et des relations les uns avec les autres, cette petite fête ne pouvait manquer d'être cordiale. Elle fut aussi certainement joyeuse. Il en fut de même du punch offert à leur tour, le mardi 15 novembre, par les sous-officiers des 2e et 5e bataillons à ceux du 1er. On se trouvait alors dans les jours d'espérance, et tous ces jeunes militaires improvisés qui commençaient à faire leurs preuves et à pouvoir revendiquer de vrais états de service, s'abandonnaient aux rêves et aux illusions de la victoire. Heureuses dispositions, certes ! Car quand les chefs doutent du succès, le soldat se croit voué à la défaite ; si les chefs ne paraissent pas enthousiastes, le soldat va le cœur hésitant et tiède ; il est sur le point de se démoraliser. Tout le monde d'ailleurs comptait sur une sortie prochaine et en considérait le succès comme certain.

Effectivement, le général Ducrot concentrait tous ses efforts vers ce but. Il avait commencé par faire affluer toutes les troupes de sa seconde armée sur la rive gauche ou sur la rive droite auprès des grands ponts d'Asnières et de Neuilly-

Courbevoie qui avaient été conservés ; les services auxiliaires avaient été rapprochés de ces centres et même postés sur la rive gauche, au rond-point de Courbevoie ou autres endroits principaux d'accès facile.

Quant à l'instruction des hommes, elle s'activait. Dans le 5ᵉ bataillon en particulier, elle recevait une impulsion plus ardente et plus continue, d'autant mieux que le service d'avant-postes commençait à être desservi par un plus grand nombre de troupes. Bientôt même le 31ᵉ eut *pour la première fois* l'occasion de tirer à la cible. On s'y prépara par des théories sur le tir : positions du tireur debout, à genou, couché, maniement de la hausse, règles de tir, action du doigt sur la détente. Des contrôles nominatifs furent dressés de façon à pouvoir faire tirer tous les hommes et mettre les résultats obtenus en face de chaque nom. Ce tir à la cible, le *seul* que fit jamais le 31ᵉ, eut lieu pour le 2ᵉ bataillon et une partie du 5ᵉ, le mardi 22 novembre. Il se réduisit d'ailleurs à faire brûler quatre cartouches par homme à 200 mètres. Le sous-lieutenant Pendu remplit pour le 5ᵉ les fonctions d'officier de tir. Il partit dès sept heures du matin avec quelques hommes des 1ʳᵉ et 2ᵉ compagnies, les seules du bataillon qui devaient tirer ce jour-là, et secondé par les sous-officiers de tir, il emporta de la colle et du papier pour boucher les trous des balles. — Ce mardi 22 le 2ᵉ bataillon effectua ses tirs le premier ; vinrent ensuite les deux premières compagnies du 5ᵉ. Les autres n'allèrent s'exercer sur les cibles que les 23 et 24 novembre.

Pour avoir diminué un peu et tendu encore à diminuer, le service des avant-postes et des factions prenait toujours beaucoup de temps aux gardes. « Pendant le séjour à
« Suresnes, dit le capitaine du Bouëtiez de Kerorguen, rien
« de bien saillant à signaler. Les troupes faisaient l'école de
« peloton ou de bataillon sur une grande pelouse dépendant
« d'une charmante villa sur les bords de la Seine. Des
« compagnies étaient de grand'garde et faisaient un service
« de 24 heures pendant lesquelles il était interdit de clore
« l'œil et de défaire les sacs. Les sentinelles de ces grand'
« gardes étaient placées, la nuit, à trois ou quatre cents
« mètres des factionnaires prussiens. Parfois, des coups de

« feu s'échangeaient, mais sans résultat sérieux (1). » — Ce n'était là en somme qu'un inutile gaspillage de munitions. Pour les économiser et pour plier les hommes à une exacte discipline du feu, le général Ducrot ordonna le 23 novembre que toute cartouche brûlée sans ordre ou sans raison serait payée de 30 jours de prison. Justement, dans la nuit du 23 au 24, on tira sans motif un coup de fusil dans la 4e compagnie du 5e bataillon. — « Les hommes seront punis », dit le commandant Patissier. Leur punition toutefois ne devait pas être de longue durée, elle allait être remplacée par des privations et des fatigues redoutables, mais communes à tous.

A cette époque, la part donnée aux manœuvres augmenta en général sensiblement. Le matin, à 8 heures, théorie pratique. Le 14, le commandant Patissier la fit lui-même aux jeunes officiers. En même temps, l'adjudant-major s'occupait des sous-officiers, l'adjudant de bataillon des caporaux. Les exercices d'ensemble particulièrement destinés à la troupe avaient lieu l'après-midi, de 2 à 4, avec plus de régularité qu'auparavant, car il fallait un contre-ordre exprès pour les empêcher. — Le 22, Patissier recommandait à ses officiers l'étude des mouvements de garde contre la cavalerie.

Entre temps, le 5e bataillon, sauf une compagnie, la 1re, eut un nouveau déménagement à faire le 16 novembre, à midi. L'affluence des troupes dans cette zone explique cette instabilité. N'était-il pas bon d'ailleurs que les soldats apprissent, en vue de la prochaine sortie, à changer aussi vite que possible de cantonnement ? Du reste, on se préoccupait depuis longtemps, mais plus particulièrement depuis quatre ou cinq jours, de faciliter les prises d'armes et d'accélérer les rassemblements de la troupe, surtout pendant la nuit. Dans ce but, les chefs de bataillon firent loger dans leur voisinage immédiat leur adjudant-major et leur adjudant de bataillon, ceux-ci ayant toujours sous la main un planton de chaque compagnie. « Aussitôt qu'une troupe est prévenue
« de prendre les armes — disaient les instructions du 12
« novembre — elle doit le faire le plus promptement possible,
« en ordre et sans bruit, chaque bataillon se réunissant en

---

(1) *Le bataillon de Lorient....* par A. du Bouëtiez de Kerorguen, op. cit.

« colonne par pelotons » (c'est-à-dire toutes les compagnies sur deux rangs, les unes derrière les autres, suivant leurs numéros).

Donc, le 16 novembre, à midi, les 2e, 6e et 7e compagnies du 5e bataillon revinrent à Puteaux, à l'usine Guillomet (ancien poste du 2e bataillon), la 3e s'établit à l'usine Francillon, la 4e à l'usine Lancenier avec une portion de la 5e au magasin d'armes. On nettoya les cantonnements avant de les quitter ; en même temps les capitaines veillaient avec le plus grand soin à ne rien laisser égarer de leurs magasins qui contenaient deux paires de souliers et deux paires de guêtres par homme et 500 cartouches. L'appel se fit dès lors en armes à midi, les 3e, 4e et 5e compagnies rangées sur le bord de l'eau, les autres dans un champ.

Le commandant, vrai père de famille militaire, pensait à tout et pour tous. La propreté, le soin des effets avaient une bonne part dans ses nombreuses préoccupations, car les officiers, jeunes et pour la plupart bien novices encore dans le commandement, ne veillaient pas assez sur leurs hommes qui, de leur côté, ne secouaient guère sans stimulant leur naturelle négligence. Il n'était pas facile de les accoutumer à la méticuleuse propreté du vrai troupier et le commandant était obligé de revenir souvent dans ses rapports sur ce sujet. Ses ordres et recommandations imprimaient ainsi une nouvelle impulsion qui, d'ailleurs, au bout de quelques jours, s'usait et se perdait d'elle-même. Il rappelait que les bonis d'ordinaire fournissaient des ressources destinées entre autres à procurer aux hommes du blanc pour les guêtres, du cirage pour les chaussures, du savon, de l'huile et de la graisse d'armes.

Les officiers supérieurs du 31e s'occupent alors de vérifier si les vivres de réserve sont au complet : un jour de lard, deux jours de café, deux jours de riz et sel, deux jours de biscuit. Les capitaines voient si la chaussure ne laisse rien à désirer dans leurs compagnies. De plus, distribution de capotes aux hommes revenus de l'ambulance et qui en obtiennent enfin !

Il y eut le dimanche 20 novembre une grande revue du général Ducrot. Le surlendemain, 22 novembre, on s'attendait à partir d'un moment à l'autre. « Il faut que les officiers veillent à ce que rien ne manque : cartouches, couvertures, graisse et huile pour les armes, peaux de moutons, chaussures, et que celles-ci soient bien brisées... .. Beaucoup de sous-pieds de guêtres sont mauvais et pas assez tendus ; beaucoup de guêtres même sans boutons..... Le soldat gaspille trop facilement et trop volontiers le bois pour le chauffage et la cuisine par ce temps alternativement humide et froid. Il ne sait pas bien se soigner, ni se vêtir ou se dévêtir à propos. Il ne doit pas se découvrir quand il est mouillé ; il doit toujours se garantir le cou » (1). — Tous les matins, les sacs sont faits dès le réveil, les couvertures roulées et, dans chaque escouade, des hommes ont été désignés pour porter les ustensiles de campement ainsi que les outils, haches, pelles et pioches. On se tient prêt à marcher au premier ordre.

Mais les 23 et 24 novembre passent occupés par des tirs à la cible, des exercices à 2 heures, les appels en armes à midi, et l'ordre de route ne paraît pas. Enfin, le vendredi 25 novembre, on lit cette sorte de sentence attendue avec un ardent mélange d'impatience et d'émotion : « Le régiment « du Morbihan partira le dimanche 27 novembre. » Il allait, avec toute l'armée du général Ducrot, se diriger vers le lieu fixé pour la grande et fameuse sortie, et il pensait coopérer à pratiquer une ouverture dans les lignes du blocus ennemi. Il espérait qu'une fois la porte ouverte de vive force, il trouverait derrière la fortune retournée et la victoire revenue.

En tout cas, le point d'attaque venait d'être diamétralement changé. Le 14 novembre, un paysan ayant traversé les lignes prussiennes avait apporté à Paris la nouvelle de la victoire de Coulmiers et de la marche en avant du général d'Aurelle de Paladines. Cet avis avait été, le jour même, confirmé par une dépêche qu'apporta un pigeon voyageur. Aussitôt la presse et les clubs, ce qu'on appelait l'opinion publique, appuyèrent violemment le projet d'une sortie dans la direction d'Orléans. C'était assez pour que l'idée triomphât. Mais elle ne s'imposa pas encore tout de suite. En effet, une missive de Gambetta arrivée le 18 préconisait toujours la percée vers la Normandie, c'est-à-dire le forcement du blocus par la presqu'île de

---

(1) Extraits du cahier de rapports du 5ᵉ bataillon.

Gennevilliers. Néanmoins, le général Trochu, se laissant guider par les clameurs des publicistes, ne tarda pas à en abandonner définitivement le principe. Il chercha dès lors quelle serait la nouvelle voie qu'il fallait préférablement suivre pour franchir les lignes ennemies et aller ensuite rejoindre l'armée de la Loire. Le 23 novembre, Ducrot et le gouverneur s'accordaient pour diriger les efforts de la deuxième armée, chargée d'effectuer la sortie, contre les positions allemandes de l'est et la pousser ensuite rapidement vers le sud. La Marne dessine en ce point deux boucles, l'une ouverte à l'est, l'autre ouverte au nord-ouest, avant de se jeter dans la Seine près de Charenton. Il s'agissait d'attaquer par la première que fermaient les deux gros bourgs de Champigny et de Villiers.

Avant de partir pour cette aventureuse expédition, le soldat avait donné encore une fois ses suffrages, et, de son côté, le gouvernement avait fait quelques nominations. L'élection commença par rendre à M. Penhouët une place dans les cadres du 5e bataillon. Cet officier, laissé de côté par les votes du 19 septembre et par conséquent placé à la suite, avait eu le bras brisé par une balle au combat de la Malmaison le 21 octobre ; la blessure était assez grave. Il ne tarda toutefois pas beaucoup à aller sensiblement mieux, mais jamais assez pour reprendre son service. Il ne devait plus reparaître au bataillon.

Cependant, un mois environ après son départ pour l'ambulance, il eut la joie de se voir, en titre, réintégré par le même moyen qui l'avait jadis éliminé. Le commandant Patissier s'en montra fort satisfait : « Le commandant est « heureux, disait le rapport du 22 novembre, de l'élection « de cet officier qui avait toujours suivi le bataillon et fut « blessé à la première affaire sérieuse où le bataillon avait « été appelé à marcher. » En même temps M. d'Andigné était promu lieutenant. Par décision ministérielle du 11 novembre, le lieutenant Meillet, qui exerçait depuis le 14 octobre les fonctions d'adjudant-major, fut officiellement confirmé dans cette fonction.

Dans le 2e bataillon, M. Devier, sous-lieutenant à la 6e (Grandchamp), fut promu lieutenant. Il remplaçait, dans sa compagnie, M. Jégo nommé capitaine, tandis que M. Auguste Roques était officiellement confirmé dans les fonctions d'adjudant-major. M. Le Guénédal Joseph-Marie devenait sous-lieutenant à la 6e. Déjà, avant le combat du 11 octobre à la Malmaison, M. Georges de Cadoudal, promu capitaine, avait remplacé M. Buriel, désigné quelque temps auparavant comme chef de bataillon.

Dans le 1er, le capitaine Dauvergne, qui jusque-là ne commandait cette unité que par intérim, était nommé chef de bataillon ; le capitaine Broni, de la 3e, « qui exerçait depuis « longtemps les fonctions de capitaine adjudant-major », en recevait le titre définitif. Le lieutenant Quinchez, nommé capitaine, remplaçait Dauvergne à la tête de la 1re compagnie; le lieutenant du Bouëtiez de Kerorguen était également promu dans la 3e à la place de Broni. « M. Nayel était lieutenant « à la 3e, M. Gersant lieutenant à la 1re, et M. Chamaillard « nommé lieutenant officier-payeur (1). »

※

**Batailles de Villiers (30 novembre) et de Champigny (2 décembre 1870).**

Le 26 novembre, les troupes touchèrent huit jours de vivres dont deux de pain et six de biscuit, et complétèrent leurs munitions jusqu'au chiffre de douze paquets de cartouches par homme — neuf cartouches par paquet — dont cinq paquets devaient être placés dans les cartouchières. Les soldats ne pouvaient donc emporter, outre ce pesant chargement, qu'une chemise, une paire de souliers, une paire de guêtres, une paire de sous-pieds de rechange et la tente-abri. Les couvertures et les peaux de mouton durent être versées à l'intendance. Or il y a des cas où ces effets sont presque aussi nécessaires que la nourriture. Et précisément on se trouvait dans une saison tour à tour humide et glaciale qui les exigeait impérieusement pour la bonne santé des troupes.

(1) *Le bataillon de Lorient......*, par A. du Bouëtiez de Kerorguen, op. cit.

Quoi qu'il en soit, le dimanche 27 novembre, vers neuf ou dix heures du matin, après la soupe, les trois bataillons du 31e se groupaient sur leurs lieux habituels de rassemblement respectifs, « en tenue de marche : capote boutonnée par dessus la veste ; les havre-sacs avaient à l'extérieur la tente-abri roulée, les piquets de tente attachés à gauche, les petites gamelles sur le haut. Dans ceux des sergents-majors étaient les registres de comptabilité. Les gradés veillaient à ce que le ceinturon fût assez serré pour ne pas gêner la marche, que la bretelle du fusil fût convenablement tendue (1). » Déjà les officiers avaient passé dans les cantonnements pour s'assurer que rien n'avait été oublié.— Les hommes malingres restaient et on leur avait laissé les ustensiles nécessaires pour faire la soupe. Ils constituèrent ainsi le « petit dépôt ».

La majeure partie de l'infanterie de la seconde armée se rendit par le chemin de fer de ceinture aux emplacements assignés. Il n'en fut pas de même de la 1re division du 3e corps commandée par le général de Bellemare, qui avait une mission assez spéciale. Elle devait appuyer l'amiral Saisset, chargé d'occuper et de fortifier le plateau d'Avron. C'est dans ce but que, pour commencer, cette division allait prendre position près du fort de Rosny au nord-est de Paris, dans le secteur confié à l'amiral Saisset.

« Après une étape fort longue qui comportait la traversée
« de tout Paris — raconte le capitaine du Bouëtiez, — on
« arriva le 27 au soir dans un champ marécageux situé entre
« les forts de Rosny et de Noisy, près de Montreuil-sous-Bois.
« La route avait été d'autant plus fatigante que huit jours
« de vivres ne sont pas une charge minime pour le soldat,
« obligé de porter, encore, ses munitions et ses effets de
« campement..... Mais, pour charger le soldat de huit jours
« de vivres, en outre de dix paquets de cartouches, on imagina
« de le décharger de sa couverture, et cela en plein hiver,
« de sorte que ces malheureux, après avoir souvent eu chaud
« dans le jour, par suite de la rapidité de la marche, furent
« forcés de passer des nuits, exposés à toutes les rigueurs

(1) Cahier de rapports du 5e bataillon.

« du froid, sans avoir le moindre supplément de vêtement
« pour les protéger. Et cependant à Paris on se trouvait dans
« une position exceptionnelle pour pouvoir organiser faci-
« lement le service.

« Lorsqu'on arriva au campement de Montreuil-sous-Bois,
« il faisait nuit depuis longtemps ; le froid était vif ; la terre
« plus qu'humide, fangeuse ; aussi dormit-on peu malgré les
« fatigues de la route (1). »

Cette nuit fut la première de ces cruelles nuits de bivouac qu'allaient subir les soldats du 3e corps de la 2e armée. On ne saurait trop regretter à ce sujet l'insouciance de l'état-major, le désordre assez fréquent de l'administration militaire et les faux principes admis à cette époque en matière de déplacement et de logement des troupes, sans lesquels on eût pu ménager les forces de tant de braves gens et leur épargner des privations surhumaines. Ces vices d'une organisation incomplète et hâtive ont été certainement aussi meurtriers que les sanglantes journées du 30 novembre et du 2 décembre, peut-être même davantage. Ainsi, le soir du 27 novembre, le 31e campait en plein champ sous ses petites tentes, au milieu de maisons abandonnées pour la plupart, à l'entrée du gros bourg de Montreuil-sous-Bois dont les rues se prolongent dans toutes les directions par des chemins bordés d'habitations ; et personne ne s'était avisé d'abriter sous ces nombreux toits, sur un sol sec, la troupe, privée de toutes ses couvertures. — Ici, l'état-major ne sut pas réparer ou plutôt atténuer les fautes de l'intendance.

Le matin du 28, après cette nuit inutilement rude et sans sommeil, que tant d'autres semblables devaient suivre, le commandant Patissier essaya de réparer, à force de sollicitude et dans la mesure de son pouvoir, l'insouciance de l'administration. Il prescrivit aux capitaines de bien s'assurer si rien ne manquait dans leurs compagnies ; il recommanda aux hommes de ménager leurs provisions et de ne manger leur viande de conserve que jour par jour. — On stationna en cet endroit toute la matinée ; l'appel se fit à midi, en armes.

(1) *Le bataillon de Lorient......* par A. du Bouëtiez de Kerorguen, op. cit.

Ordre fut donné de lire aux troupes la proclamation suivante du général Ducrot :

« Soldats de la 2ᵉ armée de Paris,

« Le moment est venu de rompre le cercle de fer qui nous
« enserre depuis trop longtemps et menace de nous étouffer
« dans une lente et douloureuse agonie.
« A vous est dévolu l'honneur de tenter cette grande entre-
« prise ; vous vous en montrerez dignes, j'en ai la certitude.
« Sans doute, ses débuts seront difficiles ; nous avons à
« surmonter de sérieux obstacles ; il faut les envisager avec
« calme et résolution, sans exagération comme sans faiblesse.
« La vérité, la voici : dès nos premiers pas, touchant nos
« avant-postes, nos trouverons d'implacables ennemis, rendus
« audacieux et confiants par de trop nombreux succès. Il y
« aura donc là à faire un vigoureux effort, mais il n'est pas
« au-dessus de vos forces : pour préparer cette action, la
« prévoyance de celui qui nous commande en chef a accumulé
« plus de 400 bouches à feu dont deux tiers au moins du
« plus gros calibre ; aucun obstacle matériel ne saurait y
« résister, et pour vous élancer dans cette trouée, vous serez
« plus de 150.000 hommes, tous bien armés, bien équipés,
« abondamment pourvus de munitions et, j'en ai l'espoir,
« tous animés d'une ardeur irrésistible. — Vainqueurs dans
« cette première période de la lutte, votre succès est assuré,
« car l'ennemi a envoyé sur les bords de la Loire ses plus
« nombreux et ses meilleurs soldats ; les efforts héroïques et
« heureux de nos frères les y retiennent. — Courage donc
« et confiance ! Songez que dans cette lutte suprême, nous
« combattrons pour notre honneur, pour notre liberté, pour
« le salut de notre chère et malheureuse patrie, et si ce
« mobile n'est pas suffisant pour enflammer vos cœurs, pensez
« à vos champs dévastés, à vos familles ruinées, à vos sœurs,
« à vos femmes, à vos mères désolées !
« Puisse cette pensée vous faire partager la soif de ven-
« geance, la sourde rage qui m'animent et vous inspirer le
« mépris du danger. — Pour moi, j'y suis bien résolu, j'en
« fais le serment devant vous, devant la nation tout entière :
« je ne rentrerai dans Paris que mort ou victorieux ; vous

« pourrez me voir tomber, vous ne me verrez pas reculer.
« Alors ne vous arrêtez pas, mais vengez-moi ! »

« En avant donc, en avant ! et que Dieu nous protège !
« Paris, le 27 novembre 1870.

« *Le général en chef de la 2ᵉ armée de Paris,*

(Signé) : « Ducrot. »

« Cette proclamation qui devait plus tard être invoquée
« contre son auteur, respirait une mâle énergie ; elle fut bien
« accueillie de la troupe et provoqua un certain enthou-
« siasme (1). » Malheureusement, elle avait été aussitôt, le
jour même de sa publication, c'est-à-dire le 28, reproduite
par la presse parisienne, qui parvenait avec régularité, sans
retard, au grand état-major allemand, et le 28 novembre, les
chefs ennemis en prenaient connaissance en même temps
que nos soldats.

Le soir du 28, vers 3 heures, après une longue attente
l'arme au pied, on partit pour aller prendre position sous le
fort de Rosny. Le régiment du Morbihan suivit la route
stratégique de ce fort et alla s'établir à douze cents mètres
au sud du fort de Rosny, le 1ᵉʳ bataillon près d'une pièce
d'eau nommée La Mare ; le 2ᵉ après ; le 5ᵉ à la suite du 2ᵉ,
face à la petite route qui conduit du bourg de Rosny à celui
de Fontenay-sous-Bois.

La mission de toutes les troupes groupées entre le fort de
Rosny et Fontenay était de soutenir au besoin l'amiral
Saisset qui devait, dans la nuit même, occuper le plateau
d'Avron et l'armer d'une puissante artillerie. Cette position
stratégique avait une importance considérable pour faciliter
le passage de la Marne et appuyer la sortie par la presqu'île
de Champigny-Villiers. Les pièces de gros calibre qu'on
pensait y installer, battant efficacement le cours de la rivière
et les coteaux de la rive gauche, Villiers, Bry, Noisy-le-Grand,
faciliteraient le passage des ponts en amont de Nogent, dont
le lancement dans cette même nuit du 28 au 29 devait
s'effectuer.

(1) *Le bataillon de Lorient,*... par A. du Bouëtiez de Kerorguen, op. cit.

L'occupation du plateau réussit parfaitement. L'amiral s'étant assuré dans la journée du 28, par une reconnaissance, que l'ennemi n'y possédait aucun poste, il s'y porta dans la soirée et les travaux d'armement furent activement poussés dans la nuit. La division Bellemare devait soutenir les travailleurs en cas de retour offensif des Allemands. Aussi, comme on ne s'ingéniait guère à ménager les forces des soldats, « défense fut faite de monter les tentes et d'allumer
« des feux. En face du champ choisi pour y passer la nuit,
« se dressait le mont Avron. Une artillerie nombreuse de
« pièces à longue portée s'installait sur ce plateau, menaçant
« de loin les positions de l'ennemi et les routes suivies par
« ses convois à Gagny, à Chelles et à Gournay. Les hommes
« passèrent la nuit sac au dos par un froid de plusieurs
« degrés au-dessous de zéro (1). »

Pendant ce temps, l'équipage de pont arrivait par eau du canal de la Marne, près Charenton, et remontait cette rivière pour gagner les points de lancement. Mais le convoi de bateaux ne put forcer sans accident la barre qu'un courant impétueux produisait sur les ruines du pont de Joinville coupé au début du siège. Trois pontons sombrèrent, et quand ce malheur eut été réparé, il était trop tard pour mener à bien l'opération avant le jour.

Le matin à l'aube, on apprit que les ponts n'ayant pu être lancés, le passage n'aurait pas lieu. C'était la seconde nuit passée sans couverture, sans sommeil et sans feu. L'ordre suivant du général de Bellemare fut alors lu à la 1re division du 3e corps.

« Une circonstance imprévue vient empêcher, au dernier
« moment, d'exécuter quant à présent la grande opération
« de guerre préparée depuis plusieurs jours avec tant de
« soin. Une crue inattendue de la Marne (2) n'a pas permis,

(1) *Le bataillon de Lorient*...... par A. du Bouëtiez de Kerorguen, op. cit.

(2) Il paraît démontré que cette crue, qui n'avait d'ailleurs été très forte, s'était terminée quelques heures avant l'opération. L'accident arrivé au convoi aurait eu pour causes uniques d'abord l'encombrement du lit de la Marne par les décombres du pont de Joinville et ensuite l'abaissement d'un barrage mobile élevé en amont. L'auteur de la version officielle exposée ici par le général de Bellemare fut l'ingénieur en chef des Ponts et Chaussées, M. Krantz, chargé de la direction supérieure de l'opération du lancement.

« en temps opportun, l'établissement de ponts de bateaux qui
« devaient servir à nous jeter sur l'ennemi en forces consi-
« dérables. Votre impatience et votre désappointement n'ont
« pas été moins grands que ceux de vos chefs. Mais ce n'est
« que partie remise et bientôt nous serons à même de réa-
« liser le projet qui est le vœu le plus ardent de nos cœurs.
« En attendant, le général commandant la division témoigne
« aux troupes placées sous son commandement, toute sa
« satisfaction pour l'ordre, le silence et le bon esprit dont
« elles ont fait preuve pendant les longues heures d'une
« attente pénible qu'elles ont eu à supporter dans cette
« saison si rigoureuse.

« Camp sous Rosny, le 29 novembre 1870.

*Le général commandant la division,*

(Signé) : « de BELLEMARE » (1).

Ce n'était donc que partie remise à bref délai. Les critiques militaires estiment que la tentative aurait dû être ajournée *sine die*, de façon à endormir l'attention des chefs ennemis et à parfaire un peu ce plan de sortie qui avait été réalisé trop à la hâte. Le projet antérieur par la presqu'île de Gennevilliers avait été mûri et préparé pendant près de deux mois. Le nouveau, conçu en quelques heures, l'avait été en trois ou quatre jours. Malheureusement la pression de l'opinion publique, l'enthousiasme enfiévré des journaux et des clubs qui croyaient, bien faussement, hélas ! l'armée de la Loire à mi-chemin de Paris, ne permettaient pas aux généraux de consulter uniquement la stratégie et le bon sens. La défense nationale, semblable à son gouvernement, possédait un mécanisme parlementaire et se dirigeait surtout par les forces de la plume et de la parole. Avocats, clubs, politiciens, stratégistes des salles de rédaction ou de déclamation avaient voix au chapitre et le commandement militaire ne gardait qu'un pouvoir constitutionnel. Il n'avait donc guère l'autorisation de retarder plus de 24 heures l'entreprise manquée, la sortie attendue et exigée. Il devait, sous les

(1) Cahier de rapports du 5e bataillon.

yeux de l'ennemi en éveil, la recommencer dans le plus bref délai possible. C'est pour cela que les opérations qui, sans la crue de la Marne, auraient dû s'ouvrir le 29 au matin, furent remises au 30, aux mêmes heures.

« Le mardi 29 fut donc un jour de repos forcé. Le régiment
« du Morbihan séjourna dans le même champ que la veille ;
« les hommes purent faire leurs tentes et, malgré l'humidité
« du sol et l'absence de couverture, prendre, grâce à la
« fatigue des deux nuits précédentes, un semblant de repos (1). »
Pendant ce temps, du côté ennemi, les Allemands faisaient passer toute une division dans la boucle de la Marne menacée.

La nuit suivante, deux groupes de ponts furent jetés en face de Joinville et de Nogent pour le passage des 1er et 2e corps, qui l'effectuèrent dans la matinée du 30 et le terminèrent vers 9 heures. Dans le 3e corps, au régiment du Morbihan, « le
« café fut pris à trois heures du matin ; à quatre heures, le
« régiment se mettait en marche (2) ; » à cinq, la division de Bellemare, dont il faisait partie, était tout entière groupée au rond-point de Plaisance. On fit alors choix d'emplacements pour lancer deux nouveaux groupes de ponts destinés au passage du 3e corps, d'un premier groupe à hauteur de Bry, où travaillerait le génie civil auxiliaire encadré par des marins sous les ordres supérieurs du capitaine de frégate Rieunier ; d'un second situé à deux kilomètres en amont et à 1.200 mètres en aval de Neuilly, près de l'endroit nommé la Plâtrière, où opéraient les pontonniers militaires. A huit heures et demie, le général de Bellemare fit canonner le bourg de Neuilly-sur-Marne et, à neuf, les mobiles de la Seine-et-Marne marchaient sur cette position et l'occupaient. Ce fut vers dix heures seulement que, sur les instances de ce divisionnaire, le général d'Exéa donna enfin l'ordre d'établir les ponts de la Plâtrière.

Cependant les deux premiers corps de la deuxième armée, après avoir rapidement pris Champigny, Bry et le petit village de Plant, venaient se heurter au parc de Cœuilly, dont le mur

---

(1) *Le bataillon de Lorient*..... par A. du Bouëtiez de Kerorguen, op. cit.
(2       Id.

crénelé et le château bien fortifié faisaient une vraie citadelle, et à celui de Villiers, plus redoutable encore. — Malgré des prodiges de valeur, malgré les échecs répétés qu'ils infligèrent aux retours offensifs de l'ennemi, leur masse fondait littéralement devant ces positions imprenables pour une infanterie isolée. Il est vrai, des batteries étaient venues à leur secours, mais arrivant successivement et par petits groupes, elles restaient impuissantes, et, ayant fort à faire pour répondre au feu des Allemands, elles ne pouvaient songer à renverser les obstacles. L'artillerie française se faisait ainsi détruire en détail. — Par faute d'ensemble et de direction unique, les 70.000 hommes des deux premiers corps, disposant de 200 bouches à feu, n'avaient pu, à 4 heures du soir, venir à bout de 40.000 Wurtembergeois et Saxons seulement, soutenus par 70 canons — et cela malgré un inlassable courage, un vrai héroïsme.

Le 3e corps, ou plutôt sa première division, ne parut que vers trois heures et demie.

Il s'était inutilement épuisé en marches et en contre-marches. L'opération du lancement des ponts de la Plâtrière s'était terminée vers midi, et « à une heure de l'après-« midi, après avoir marché sans discontinuer depuis le « matin, le régiment du Morbihan atteignit Neuilly-sur-« Marne et fit une courte halte pendant laquelle on put « manger un biscuit (1). » Fusillade et canonnade faisaient rage à quelques kilomètres dans le sud. Vers midi aussi, le général d'Exéa envoya l'ordre au capitaine de frégate Rieunier de lancer le groupe des ponts de Bry. Le travail commença immédiatement. Il est probable que le chef du 3e corps comptait faire passer par les ponts de la Plâtrière sa première division et les autres troupes destinées à marcher en tête, et qu'il pensait envoyer le reste un peu plus tard par les ponts de Bry.

Ce 3e corps avait pour mission préliminaire de passer la Marne et, dans ce but, d'occuper Neuilly-sur-Marne, de lancer ses deux groupes de ponts de la Plâtrière et de Bry et de franchir la rivière. Ceci fait, il devait prendre pied dans

---

(1) *Le bataillon de Lorient*..... par A. du Bouëtiez de Kerorguen, op. cit.

Noisy-le-Grand, arrêter, d'un côté, les Saxons qui pourraient tenter de venir renforcer l'ennemi et, de l'autre, se rabattre par le sud-sud-est sur l'arrière et le flanc droit des lignes allemandes, attaquées de front par les 1er et 2e corps.

Le général d'Exéa toutefois, n'ayant d'abord qu'un groupe de ponts de disponible (celui de la Plâtrière), ignorant la situation respective des combattants sur la rive gauche, apprenant même peut-être que les Saxons esquissaient alors avec succès un mouvement offensif sur Bry, estima imprudent de franchir la rivière si haut en amont, sur un point unique, et il contremanda le passage que la 1re division avait déjà commencé ; il rappela même les quelques troupes du général de Bellemare déjà établies sur la rive gauche. Le régiment du Morbihan allait s'engager sur les ponts de la Platrière quand, vers une heure et demie, l'ordre lui arriva de se replier du côté de Neuilly-sous-Bois.

A ce moment, battait son plein le mouvement en avant des lignes allemandes. « De l'autre côté de la Marne, à une
« faible distance, retentissaient une canonnade et une fusillade
« continues ; c'était un retour offensif de l'ennemi qui essayait
« de reprendre les positions de Villiers et de Champigny,
« enlevées le matin par les troupes des généraux Blanchard
« et Renault. Pendant que s'effectuait la retraite de Neuilly-
« sur-Marne sur Neuilly-sous-Bois, une troupe débouche
« de cette première localité que l'on venait de quitter ;
« quelques-uns s'imaginent que ce sont les Prussiens ; le
« colonel Colonieu, commandant la brigade, partage cette
« erreur et fait précipiter la marche. On cesse de marcher
« par le flanc, on se forme par divisions pour gagner du
« terrain. Cette panique momentanée ne tarde pas à se
« dissiper quand on reconnaît dans les prétendues troupes
« ennemies le régiment de Seine-et-Marne qui, se confor-
« mant au mouvement général de tout le corps d'armée,
« évacuait à son tour Neuilly-sur-Marne et qui, naturellement,
« ne comprenait rien à la rapidité de la marche du restant
« de la brigade (1). »

La retraite s'achevait à peine quand un nouvel officier,

(1) *Le bataillon de Lorient....* par A. du Bouëtiez de Kerorguen, op. cit.

envoyé par le général Ducrot, vint demander au général d'Exéa d'accourir sans délai à l'aide des deux autres corps d'armée. Il apprenait en même temps que le lancement des groupes de ponts de Bry était achevé, malgré le retard que lui avait causé le mouvement offensif des Saxons. Les obus allemands et leurs balles s'étaient mis tout d'un coup à pleuvoir sur les travailleurs. Deux nacelles de pontonniers coulèrent, le commandant Rieunier fut blessé, un certain nombre d'ouvriers du génie civil auxiliaire saisis de panique abandonnèrent le chantier, mais, animés par l'exemple des marins, les autres demeurèrent à leur poste. Sur ces entrefaites le général d'Exéa envoya tout près d'eux, pour les soutenir, une batterie de mitrailleuses qui arrêta net et refoula même l'offensive ennemie. Il était environ deux heures et demie.

Cette fois, il ordonna à sa 1$^{re}$ division de repasser la Marne sur les ponts de Bry, en lui prescrivant de repousser les Saxons des environs de Bry, et du plateau de Villiers, au nord du parc. A trois heures environ, la traversée de la Marne était effectuée. En attendant la fin du mouvement, la brigade Colonieu « s'arrête dans la prairie de la
« Pépinière. On annonce que l'armée française est vic-
« torieuse sur toute la ligne et que la marche en avant se
« fait sans encombre (1). » Quand toute la division Bellemare est sur la rive gauche, « les troupes se remettent
« en route soi-disant pour occuper les positions conquises.
« Cependant, à peine est-on engagé dans un chemin qui
« serpente à une certaine distance du plateau de Villiers, que
« la fusillade, un moment apaisée, recommence plus vive que
« jamais (2). » C'était l'avant-garde, composée de deux compagnies du 4$^e$ zouaves, qui se heurtait aux lignes allemandes. En un clin d'œil, elles étaient décimées et obligées de se replier sur leur bataillon. Celui-ci les recueillit et, avec elles, se précipita sur l'obstacle dans un élan furieux, mais pour perdre en un instant plus de la moitié de son effectif et 16 officiers sur 18.
« Au bout d'un quart d'heure de marche — raconte le capi-
« taine du Bouëtiez, — le 1$^{er}$ bataillon du Morbihan arrive
« près d'un village (celui de Petit-Bry) à l'entrée duquel se

---

(1) *Le bataillon de Lorient*..... par A. du Bouëtiez de Kerorguen, op. cit.
(2)          Id.

« trouve une ambulance. Çà et là, des hommes couchés,
« enveloppés de linges ensanglantés. En avançant, on en
« rencontre d'autres que l'on transporte ; la fusillade est à
« toucher, le sifflement des obus commence à se faire
« entendre ; une certaine émotion règne dans les rangs ;
« encore quelques instants et le 1er bataillon du Morbihan
« aura reçu le baptême du feu. »

Alors toute la division de Bellemare entre en ligne : à l'extrême gauche seront les mobiles du Morbihan, qui devront chercher à couper la retraite aux Saxons, dès qu'ils seront chassés des environs de Bry. « On traverse le village de
« Petit-Bry ; on monte le coteau qui conduit au plateau de
« Villiers, et le régiment reçoit l'ordre de se déployer en
« tirailleurs et d'occuper la crête du plateau, sur lequel les
« zouaves du 4e se battent avec une intrépidité sans égale (1). »
C'était là, au nord du parc de Villiers, près d'un piton relativement élevé, situé précisément à l'est et au-dessus de Bry, que s'étaient retranchées les troupes saxonnes ; quelques-unes de leurs batteries placées à l'ouest de Noisy-le-Grand enfilaient les pentes des collines de la Marne par lesquelles le terrain s'élève graduellement jusqu'au plateau de Villiers.

Malgré la fatigue qui accable des hommes chargés de vivres et marchant depuis le matin, les pentes sont rapidement gravies en lignes de colonne de peloton par bataillons. Déjà les compagnies de tête du 1er bataillon sont arrivées sur le bord du plateau ; leurs gardes mobiles ont franchi cette première zone dangereuse au pas de course et ont engagé la fusillade. Comme les dernières unités du 31e entraient dans le Petit-Bry, l'artillerie saxonne, postée à l'ouest de Noisy, ouvre le feu contre les troupes qui garnissent en masse les versants ouest et nord-ouest des collines de la Marne. Une vraie pluie d'obus s'abat alors sur le régiment du Morbihan et celui de Seine-et-Marne. Il y eut aussitôt un long moment d'affolement, puis de panique. On entendit le cri de « en retraite ! » La plupart des jeunes soldats perdant la tête au milieu de ces projectiles qui éclataient de toute part dans le bruit et la fumée, et qui venaient on ne savait d'où, lâchèrent pied en grand nombre.

(1) *Le bataillon de Lorient*..... par A. du Bouëtiez de Kerorguen, op. cit.

La 7e compagnie du 5e qui, sous les ordres du capitaine Desgoulles et des officiers de Keyser et Meyer, débouchait de Bry, les voyait pêle-mêle avec les mobiles de Seine-et-Marne descendre les pentes à droite et à gauche du village. Beaucoup « s'engouffrent dans le parc Dewinck. Mais les « projectiles, cassant les branches, fouillant les taillis, préci- « pitent la marche des fuyards, que l'éloquence du colonel « Colonieu ne peut arrêter (1). » Cependant les officiers s'employaient avec zèle à rallier leurs hommes. Au 5e bataillon, le caporal clairon Trémant s'époumonnait à sonner la charge sans discontinuer. La 7e, grâce aux efforts de ses chefs aidés par l'adjudant de bataillon Jaquolot qui marchait avec elle, restait en bon ordre dans le village de Bry. On voyait tout en haut sur la crête, au bord du plateau, là où balles et obus faisaient rage, s'agiter des groupes composés des officiers supérieurs et de quelques fidèles restés ou ralliés auprès d'eux. Patissier, entouré du lieutenant adjudant-major Meillet et du sergent-fourrier Clémencin, faisait signe de la main, tandis que le clairon Trémant sonnait toujours la charge. Le commandant Buriel encourage ses hommes du geste. « De son « côté, le colonel Tillet donne l'exemple de la plus rare « intrépidité. La canne à la main, il se promène au milieu « des balles et des obus qui sifflent et éclatent de toutes « parts ; il encourage les uns, il arrête les autres et, secondé « par le commandant Dauvergne et le capitaine adjudant- « major Broni, il rallie une soixantaine d'hommes et plusieurs « officiers avec lesquels il se maintient sur la gauche du « plateau (côté est). Il avait ordre de l'occuper ; il l'eût « occupé seul plutôt que de le quitter. — Aussi sa brillante « conduite mérita-t-elle au colonel sa mise à l'ordre du jour « de l'armée » (2).

Pendant que le colonel se maintenait à gauche, les officiers du Morbihan parvenaient à calmer la panique et à rétablir l'ordre. On avait pu en très peu de temps rallier la plupart des hommes derrière le parc Dewinck et au-dessous de Bry. Comme le commandant Patissier redescendait alors

---

(1) *Le bataillon de Provins (siège de Paris, 1870-1871) : récit d'un garde-mobile*, par Médéric Charot. (Provins. Le Hériché, 1872) cité par Alf. Duquet. *Guerre de 1870-1871. Paris.*

(2) *Le bataillon de Lorient......*, par A. du Bouëtiez de Kerorguen, op. cit.

pour demander des braves, des volontaires qui consentissent à le suivre, à marcher de l'avant et à réoccuper le plateau, deux compagnies de son bataillon, déjà toutes rassemblées, partirent d'un élan commun derrière lui. C'étaient la 2ᵉ (Elven), capitaine Bassac, et la 7ᵉ (Rochefort), capitaine Desgoulles. Au 2ᵉ bataillon, le capitaine Hémelot, de la 5ᵉ (Quiberon-Carnac), avait réussi à empêcher ses mobiles de fuir ou à les ramener immédiatement. De son côté, « la 3ᵉ « du 1ᵉʳ (celle du capitaine du Bouëtiez, l'auteur de la notice), « se maintint à l'extrémité de droite jusqu'à ce que le signal « de la retraite fût donné par les clairons des zouaves. Elle « redescendit en bon ordre, cadre d'officiers et de sous- « officiers au complet, jusqu'auprès de l'ambulance de la « brigade, d'où elle partit pour relever le groupe d'hommes « intrépides que commandait à l'extrême-gauche le colonel « Tillet, entouré de plusieurs officiers, parmi lesquels se « trouvaient, entre autres, le commandant Dauvergne, les « capitaines Broni, Duault, le lieutenant Marsille et plusieurs « autres. »

Vers quatre heures et demie, le général de Bellemare accourut pour réunir la brigade du colonel Colonieu (mobiles de Seine-et-Marne et du Morbihan), la ramener sur le plateau et tenter un dernier effort. Au centre, le 4ᵉ zouaves gravit le chemin étroit et rapide qui mène à Villiers, à sa droite le 136ᵉ de ligne, à sa gauche les mobiles de Seine-et-Marne, puis à l'extrême-gauche le 31ᵉ de mobiles, « se reliant assez mal au « bataillon de zouaves du commandant Ballue, qui observe « Noisy-le-Grand ». Le choc fut terrible au centre et à droite ; là encore on échoua contre le redoutable parc de Villiers, avec une perte de près de 600 hommes, mais le régiment du Morbihan, peu engagé, n'eut guère à souffrir dans cette dernière et terrible phase de la bataille de Villiers. A ce moment la nuit tombait ; les clairons sonnèrent le « cessez le feu » et la retraite.

En somme l'offensive de la division Bellemare, où finit par figurer honorablement une bonne partie du 31ᵉ, paraît avoir quelque peu éloigné les avant-postes saxons du village de Bry, mais, comme résultat général, la partie était perdue ; le mur d'investissement des assiégeants n'avait pu être forcé. Si la seconde armée conservait Champigny, Le Plant, Bry, en revanche les positions redoutables des parcs de Villiers et de Cœuilly restaient intactes et inabordables. Le choc sanglant mais peu fructueux que venait de donner la division de Bellemare, représentait la dernière carte que l'on ait jouée. C'était la dernière faute de ce triste jour où les forces françaises, principalement l'artillerie, s'étaient fait hacher successivement et en détail. — « Non seulement le général d'Exéa, « écrit le lieutenant-colonel Rousset, n'avait pas dirigé son « mouvement dans le sens qui lui était indiqué par les ordres « de l'armée, mais il avait négligé de prévenir le général « Ducrot qu'il allait attaquer ; en sorte que son intervention, « sur laquelle personne ne comptait plus, constituait pour « ainsi dire une action séparée dans l'opération générale (1). » En effet, quand la division de Bellemare intervint, l'action était virtuellement terminée et s'éteignait dans une sorte de duel d'artillerie.

Les pertes du régiment furent relativement peu considérables. On doit attribuer ce fait d'abord à ce qu'une grande partie des mobiles morbihannais se dispersa dès les premiers obus, et ensuite à leur formation sous le feu, à ce déploiement en tirailleurs que le capitaine du Bouëtiez qualifiait de « manœuvre absurde » et qui aujourd'hui fait règle. Le 1er bataillon, le plus éprouvé parce qu'il se trouvait en tête de colonne et qu'il eut à essuyer le feu de l'infanterie, eut deux hommes tués et vingt blessés, dont deux lieutenants contusionnés par des éclats d'obus, Robert, frappé aux reins, et Gersant. « Le « capitaine de la 1re compagnie, M. Quinchez, eut son capuchon « troué d'une balle ; un sergent-major, devenu plus tard « officier, M. Ropert, fut lancé à plus d'un mètre au-dessus « du sol par un éclat d'obus et se releva sain et sauf de cette « ascension imprévue ; le sergent Le Brun en fut quitte pour « une égratignure sans importance (2). » Le 1er bataillon eut en plus dix hommes disparus, qu'il faut compter très probablement parmi ces nombreux blessés qui, n'ayant pas été secourus dans la soirée, périrent par le froid de cette nuit glaciale et dont on ne put ensuite identifier exac-

(1) *Histoire générale de la guerre franco-allemande (1870-1871.)*
(2) *Le bataillon de Lorient...* par A. du Bouëtiez de Kerorguen, op. cit.

tement la provenance militaire. — Le second bataillon n'eut que sa première compagnie d'un peu éprouvée. Celle-ci perdit le caporal Prono, tué, et compta deux soldats blessés. En outre, le garde Cabelguen, considéré d'abord comme disparu, mourut ensuite probablement de ses blessures. François Le Tallec, de Vannes, eut une des manches de sa capote et de sa veste lacérée par un éclat d'obus. — Quant au 5e, on ignore au juste quelles furent ses pertes ; les souvenirs sont muets, l'historique du bataillon n'a pas été retrouvé. On sait cependant que le sergent-major Hourtic, de la 7e, fut blessé dans cette journée.

« De sept heures à onze heures du soir, continue le
« capitaine du Bouëtiez, ce 30 novembre, la 3e compagnie
« du 1er bataillon eut l'honneur de partager avec les zouaves
« la garde du champ de bataille et d'être chargée de couvrir
« le front gauche de la division. — Triste mission que d'être
« au milieu des mourants dont on entend les cris et de
« cadavres que le froid faisait encore plus rigides que la
« mort elle-même.
« Pendant les premières heures de cette mortelle nuit, un
« grand nombre de blessés durent périr par le froid. Au
« poste le plus avancé, qu'occupait le lieutenant Nayel, on
« entendait très distinctement, pendant la première heure,
« les appels lamentables des blessés français et allemands,
« les uns en avant, les autres en arrière du poste. Deux
« heures après, les cris avaient cessé et un petit nombre
« seulement avait été relevé. » — En effet, il fut impossible de secourir les blessés tombés dans la zone la plus dangereuse, en avant des lignes allemandes. Par crainte d'une surprise, les ennemis faisaient feu sur tout groupe qui le parcourait et semblent même avoir renoncé, pour ne pas gêner leur tir, à y envoyer leurs brancardiers. Cette nuit glaciale fut terrible. — « Le froid était tellement vif, les
« hommes étaient tellement fatigués et engourdis, que les
« officiers et les sous-officiers étaient à chaque instant forcés
« de réveiller les malheureuses sentinelles qui, malgré un
« danger imminent, s'endormaient debout et malgré elles.
« Vers onze heures, le 1er bataillon, qui s'était rallié et avait
« mangé la soupe, remonta sur le plateau et permit aux

« hommes de la 3e compagnie d'aller manger à leur tour (1). »
En même temps, les 1re, 2e et 7e compagnies du 2e bataillon reçurent l'ordre de remonter sur le plateau et de le garder pendant la nuit. Il en fut de même pour le 5e bataillon. Quelques compagnies allèrent s'établir sur le champ de bataille et le reste, ainsi que celui du 2e bataillon, passa la nuit dans le village de Petit-Bry. — C'est alors qu'au lieu de prendre un repos bien nécessaire, le commandant Patissier se montra, comme en tant d'autres circonstances, un vrai père pour ses soldats : il gravit de nouveau le champ de bataille afin d'aller recueillir les blessés et diriger les recherches des brancardiers. Et cependant l'épreuve physique de cette journée commencée avant trois heures du matin, passée dans le plus pénible et le plus épuisant énervement, finie dans la poudre et dans le sang, après les deux précédentes passées en plein air avec tant de repas sans feu et ces nuits sans abri sérieux et sans sommeil, une pareille épreuve physique devait être bien lourde et bien mauvaise pour un homme de 53 ans, marchant à pied tout le temps comme tous ses subordonnés, fatigué par une rude vie de campagnes et se ressentant peut-être encore des suites de ses vieilles blessures.

« Vers cinq heures du matin, le 1er décembre, un gendarme
« arrive ventre à terre, la figure bouleversée. Il vient prévenir
« que l'on craint d'être tourné ; qu'on affirme que les ponts
« de la Marne vont être attaqués et qu'il est urgent de battre
« en retraite au plus vite. Malgré l'émotion causée par cet
« avis, le colonel Tillet, dont le sang-froid n'a d'égal que la
« bravoure, ordonne tranquillement de rompre les faisceaux,
« quand, nouveau sujet d'étonnement, arrive un aide de camp
« du colonel Colonieu apportant l'ordre de remonter sur la
« crête et de s'y maintenir quand même en cas d'attaque.
« Le 1er bataillon monte immédiatement se placer le long du
« petit talus qui sépare les deux versants du plateau et
« s'apprête à recevoir l'ennemi. A huit heures, arrivée du
« brigadier qui, cette fois, donne l'ordre de battre en retraite,
« mouvement qui s'effectue en bon ordre et seulement après

---

(1) *Le bataillon de Lorient...* par A. du Bouëtiez de Kerorguen, op. cit.

« que le colonel Tillet, dont rien ne peut troubler la tran-
« quillité d'esprit, a pris soin de faire aligner correctement
« les pelotons (1). »

En effet, les Allemands avaient envoyé dans la nuit de nombreux renforts sur le théâtre du combat ; on signala au général de Bellemare des troupes saxonnes à Noisy-le-Grand et d'autres arrivant à Villiers. Ces renseignements lui firent craindre de ne pouvoir garder Bry-sur-Marne avec sa seule division. Sur l'ordre de Ducrot, le général d'Exéa passa donc tout son corps d'armée sur la rive gauche. Un peu plus tard, il en renvoya une grande partie, dont la brigade Colonieu, qui revint sur la rive droite. Grâce à une suspension d'armes tacite, officiellement conclue dans l'après-midi, les hostilités cessaient pour permettre que, de part et d'autre, on rendît les derniers devoirs aux morts et qu'on enlevât les blessés restés sur le champ de bataille et épargnés par le terrible froid de la nuit. « A dix heures, le régiment repassait la
« Marne, et une heure après, le 1er bataillon dressait ses
« tentes dans le champ de Val-Plaisance », non loin du pont de bateaux de la Plâtrière. Le 2e bataillon revint à son campement de la Mare, près de Fontenay-sous-Bois, au sud du fort de Rosny. Il en fut, croyons-nous, de même pour le 5e. Le 1er, toujours en raison de son numéro, avait l'honneur, mais aussi les charges, de la tête de colonne. C'est évidemment pour ce motif qu'il dut rester plus près du champ de bataille que les deux autres.

Le 1er décembre, il y eut rapport des commandants. D'ailleurs les ordres se réduisaient à peu de chose. « Les capitaines devaient s'employer à remplacer les cartouches brûlées et à compléter le nombre de celles qui restaient jusqu'à 108 par homme, 12 paquets à 9 cartouches par paquet. Les mêmes officiers auront aussi à donner l'état nominatif des soldats tués, blessés ou disparus et à signaler ceux de leurs subordonnés qui s'étaient signalés dans la journée du 30 novembre (2). »

« La journée du 1er décembre fut calme ; elle fut consacrée

(1) *Le bataillon de Lorient...* par A. du Bouëtiez de Kerorguen, op. cit.
(2) Cahier de rapports du 5e bataillon.

« de part et d'autre à enterrer les morts.... Du 1ᵉʳ au 2 dé-
« cembre, en dépit de l'absence de couvertures, absence
« rendue plus sensible par le froid régnant, les mobiles du
« Morbihan dormirent, brisés qu'ils étaient par quatre nuits
« passées presque sans sommeil (1). » Cette nuit encore le
thermomètre tomba jusqu'à 10 degrés centigrades au-dessous
de zéro.

Pendant ce temps, les ennemis, contrairement aux principes
usités chez nous, qui bivouaquions toujours en plein air sous
des tentes, cantonnaient dans tous les villages et bourgs
situés à l'est et au sud-est de la presqu'île de Champigny.
Ils avaient été considérablement renforcés, dans la nuit du
30 novembre au 1ᵉʳ décembre, de la valeur d'un corps
d'armée à peu près. Leur chef, ayant désormais des troupes
nombreuses en main, et d'autres encore à sa disposition dans
les environs, reçut, le 1ᵉʳ décembre dans la soirée, l'ordre
de refouler l'armée française au delà de la Marne et de
détruire les ponts.

L'affaire commença au tout petit jour, le 2 décembre.
  « Au matin une canonnade se fait entendre ; ce sont les
« Allemands qui ont concentré leurs forces et qui attaquent
« à leur tour les troupes qui sont restées de l'autre côté de
« la Marne. La division prend les armes vers dix ou onze
« heures, le régiment du Morbihan repasse encore une fois
« la rivière, mais aux ponts de bateaux de Joinville. Il est
« placé en réserve dans un champ, près d'une grande ferme,
« où les obus arrivèrent ainsi que les balles, qui firent même
« des victimes ; les soldats bretons, remis de leur émotion
« de l'avant-veille, demeurèrent toute la journée l'arme au
« pied, montrant un calme digne des vieilles troupes (2). »

A trois heures de l'après-midi, la division Bellemare reçut
l'ordre de relever les brigades Curty et Daudel qui, depuis
plus de sept heures, combattaient héroïquement et avaient
repoussé finalement, avec un grand succès, les attaques des
Wurtembergeois et des Saxons entre Bry et Noisy-le-Grand.

---

(1) *Le bataillon de Lorient*... par A. du Bouëtiez de Kerorguen, op. cit.
(2)            id.

Le régiment du Morbihan prend à gauche pour gagner les hauteurs de Villiers. Il monte bientôt par un chemin creux et commence à se déployer sur la crête du plateau. C'est alors que, dans le 5e bataillon, le lieutenant Caradec de la 6e est blessé. Peu de temps après un obus éclate au milieu de la 2e (Elven), renversant du coup une dizaine d'hommes par terre ; quatre sont tués et neuf autres blessés ou contusionnés. D'ailleurs, déjà la bataille touchait à sa fin. Une heure après que les trois bataillons du Morbihan furent arrivés sur le champ de bataille, le feu cessait complètement. L'attaque allemande avait échoué sur toute la ligne et nous gardions ou avions reconquis toutes les positions occupées au soir du 30 novembre. En revanche, il était clair que l'épuisement et les souffrances physiques des troupes, d'une part, le renforcement considérable des lignes ennemies, de l'autre, rendaient désormais toute offensive impossible. — La grande et fameuse tentative de sortie ne pouvait plus réussir pour le moment.

« Le soir, le régiment du Morbihan monta la grand'garde sur
« ce même plateau de Villiers où l'on s'était battu toute la
« journée. Pendant la nuit, les hommes creusèrent des
« tranchées. Au matin, les tirailleurs allemands essayèrent
« d'inquiéter les grand'gardes avancées du régiment, qui ripos-
« tèrent avec vigueur et les contraignirent à se replier (1). »

Ce furent les 2e et 7e compagnies du 1er bataillon, les 3e et 4e du second et deux autres du 5e qui reçurent et repoussèrent ce choc subit, déjouant ainsi une tentative de surprise. Quoique le régiment du Morbihan n'eût guère été exposé pendant ces vingt-quatre heures du 2 au 3 décembre, il n'en éprouva pas moins quelques dommages. Il y eut un homme de tué et 5 de blessés dans le 1er bataillon ; 8 blessés dans le 2e, dont Joseph Menach, de la 1re compagnie, touché à la figure ; Ange Riguidel, d'Arradon, même compagnie, doigts emportés par un éclat d'obus ; Dagorne, la main légèrement entaillée par un éclat d'obus qui avait brisé son fusil. Nous ignorons le chiffre exact des victimes dans le 5e, mais elles furent plus nombreuses que dans les deux autres. La 2e compagnie (capitaine Bassac), compta à elle seule quatre tués et neuf blessés. En ajoutant à ces derniers le lieutenant Caradec,

---

(1) *Le bataillon de Lorient*.... par A. du Bouëtiez de Kerorguen, op. cit.

cela ferait pour le moins quatre tués et dix blessés. Parmi les blessés, le caporal Guyodo, cuisse fracturée ; Le Brun, blessé à la figure. Le caporal Guyodo mourut des suites de ses blessures (1). Le lieutenant-colonel Tillet fut lui-même atteint d'un éclat d'obus à la jambe ; la blessure était du reste peu grave.

Le général Ducrot ne désespérait pas encore de sa sortie et, à la suite du véritable succès obtenu le 2 décembre, il pensait, le samedi 3 au matin, tenter de nouveau une trouée. Mais l'aspect des troupes ne tarda pas à le dissuader d'une aussi hasardeuse entreprise. Les hommes avaient souffert avec un courage vraiment héroïque des souffrances physiques inouïes. Ils semblaient complètement à bout de forces ; les plus vigoureux même ployaient sous le poids des privations et des épreuves. Manque complet de sommeil pendant plusieurs nuits glaciales consécutives, manque d'abri par un froid terrible, manque de toute nourriture chaude et réconfortante, fatigue et surmenage continuels et excessifs sévissaient d'une façon plus cruelle encore et plus incessante sur ces malheureux que le feu de l'ennemi. Aussi l'armée se trouvait-elle tout entière dans un état de dépression et de prostration profondes. A cette vue, le général en chef de la 2e armée se rendit compte qu'il avait demandé à ces troupes plus que les

---

(1) Extrait de lettre. — « Nous avons enfin un moment de répit et j'en profite
« pour vous donner de mes nouvelles. Depuis huit jours, nous sommes toujours en
« route autour de Paris. Nous voyageons sans bagages et nous couchons à la belle
« étoile. Nous avons eu deux affaires assez sérieuses aux environs de Brie-sur-Marne.
« Nous avons passé la Marne le 30 novembre pour attaquer les hauteurs de Brie,
« qui ont été enlevées. Cependant nos hommes n'ont pas montré autant de sang-
« froid qu'ils auraient dû. Les obus prussiens ont mis le désordre dans nos rangs
« et nous avons eu de la peine à les rallier. L'opération a réussi quoique cela.
« Le lendemain de cette affaire, nous repassions la Marne en laissant les hauteurs
« occupées par des troupes de ligne. Le 2 décembre, ces troupes furent surprises
« par l'ennemi, qui les reconduisit jusque dans le village de Brie. Mais là, la résis-
« tance fut si vive que les Prussiens furent mis à leur tour en déroute. C'est alors
« que l'on nous fit partir pour Nogent où nous repassâmes la Marne et attaquâmes
« l'ennemi par les hauteurs. Ses obus nous firent encore beaucoup de mal, mais
« nos hommes furent bien plus calmes que le 30 novembre. J'ai eu dans ma
« compagnie quatre hommes tués et neuf blessés. Caradec est le seul officier qui
« ait été atteint, et encore très légèrement, d'un éclat d'obus qui ne lui a fait qu'une
« légère contusion au pied. Il marchera dans quelques jours....................
E. B.
« Peyron me prie de dire à son père qu'il va bien. Il doit lui écrire. Si ma lettre
« te parvient, dis à la famille Caradec de n'avoir aucune inquiétude. Ce n'est,
« comme je te l'ai dit, qu'une légère contusion. »

forces humaines ne peuvent donner. Dans l'après-midi, il ordonna la retraite. « Pendant toute la journée du samedi « 3 décembre, le régiment du Morbihan demeura l'arme au « pied. On ramassa les cadavres et les armes éparses sur le « terrain, et à trois heures on se remit en route pour repasser « la Marne. On revint par Joinville-le-Pont et, le soir, on « arriva vers 9 heures (1) » dans le parc du Perreux ou Val-Plaisance (commune de Nogent-sur-Marne), à un kilomètre et demi environ dans l'est-sud-est du fort de Nogent.

✝

**Réorganisation de l'armée du général Ducrot**

La tentative de sortie sur laquelle on fondait de si grandes espérances n'avait donc pas réussi ; mais, si le général Ducrot, en se retirant sur la rive droite, avouait son impuissance de percer par Champigny et Villiers, il n'en conservait pas moins l'espoir et la volonté de briser ailleurs les lignes d'investissement ennemies. Dès le 4 décembre, il annonçait à son armée que la lutte « suspendue pour un instant ne « tarderait pas à être reprise avec résolution (2). » On parla même de recommencer le 6 décembre. Cependant il fallait plus de temps que cela pour réorganiser l'armée épuisée et décimée par les fatigues inouïes et les combats de cette rude et terrible semaine. Beaucoup d'officiers et de soldats avaient péri sur le champ de bataille ; un plus grand nombre encore remplissaient les innombrables ambulances publiques ou privées.

Dans le 5ᵉ bataillon du régiment du Morbihan, le capitaine-major Toupriant était tombé malade et avait dû partir pour l'hôpital. Ce fut le capitaine Bassac qui le remplaça comme major du 5ᵉ.

---

(1) *Le bataillon de Lorient...* par A. du Bouëtiez de Kerorguen, op. cit.
(2) *Histoire générale de la guerre franco-allemande,* par le lieutenant-colonel Rousset.

Du 3 au 7 décembre, par un froid glacial, les mobiles du Morbihan campèrent dans le parc du Perreux.

Le dimanche 4 décembre fut consacré à un repos bien nécessaire et mérité ; mais les hommes n'eurent pas permission de s'éloigner. Ce jour, comme les jours suivants, fut consacré aux nettoyages et aux raccommodages, bref, employé à tout remettre en état : chaussures, guêtres, effets divers. Les capitaines eurent à dresser les états des tués, blessés, disparus, ainsi que le chiffre des cartouches brûlées. On voulait qu'à l'avenir ils établissent ces documents aussitôt une affaire terminée. Ils mirent aussi au courant les situations journalières de leurs compagnies ; pour celles-là, ils pouvaient remettre au lendemain. L'appel eut lieu à midi, sac au dos, et on fit de même les jours suivants, lorsque le temps le permit. Si ce dimanche 4 décembre les soldats continuèrent à bivouaquer sous leurs tentes dans le parc du Perreux, ils éprouvèrent un grand soulagement à leurs souffrances en recevant, de nouveau, leurs couvertures, dont le manque s'était fait cruellement sentir depuis une semaine, mais, comme il était toujours question de départ prochain, on les exhorta à ne prendre que le nécessaire. Le lundi, même emploi du temps. Le chef du 5e bataillon recommanda aux capitaines de rechercher et de réaliser toutes les combinaisons possibles pour améliorer l'ordinaire avec les bonis de leurs compagnies. Le bruit courut qu'on allait repartir le lendemain 6 décembre, et, de fait, les hommes touchèrent deux jours de vivres avec l'habituelle recommandation de les ménager et de ne pas les consommer en une ou deux fois.

Cependant, le 6, aucun ordre de départ ne parut. Le haut commandement reconnaissait la nécessité d'une réorganisation complète de l'armée. Il fut même demandé, ce jour-là, au régiment du Morbihan, dix hommes par compagnie pour les incorporer dans la Ligne, extrêmement éprouvée par les batailles de Villiers et de Champigny, mais les soldats désignés restèrent. En même temps, les bagages des officiers furent mis à leur disposition, sous réserve toutefois qu'ils y touchassent le moins possible et prissent simplement les objets nécessaires au couchage.

Enfin, le mercredi 7 décembre, le régiment du Morbihan alla cantonner à Fontenay-sous-Bois, qui se trouve à deux kilomètres et demi à l'ouest-nord-ouest du Perreux.

Là, les mobiles purent vraiment se refaire et se remettre de leurs rudes fatigues. Depuis dix jours, ils ne couchaient qu'en plein air ou sous le léger abri de leurs tentes, presque toujours sur la terre plus ou moins nue et glacée. Les capitaines reçurent le mandat impératif de faire strictement respecter immeubles et meubles dans les maisons occupées et furent déclarés responsables de tous les dommages que leurs soldats commettraient. Les officiers recommencèrent à mettre quelque ordre dans l'administration de leurs unités, dans la tenue générale de leurs hommes, dans l'équipement, l'habillement et l'armement. Ce furent, en somme, des jours de repos, de nettoyage, de mise en état des armes et des diverses fournitures. Ce confort, quoique sans doute bien relatif, arrivait à propos, car la mauvaise saison se faisait dure. Le surlendemain de l'installation du 31e à Fontenay-sous-Bois, le vendredi 9 décembre, la neige se mit à tomber en abondance ; le jour suivant tout disparaissait sous l'uniformité de son blanc linceul, sur lequel s'étendait encore le voile d'un épais brouillard. Le lundi 12, la température s'abaisse encore ; le verglas avait changé la neige en une couche glissante et unie. Quel hiver! disait-on, les soldats gèlent aux avant-postes. Pendant ce temps rigoureux, les commandants de compagnies achetaient sur leurs bonis les objets nécessaires aux soins de propreté et au bon entretien des armes et amélioraient, autant que possible, les ordinaires de la troupe.

Le sous-intendant militaire logeait à Nogent-sur-Marne, 17, Grand'Rue ; le poste du quartier général se trouvait à Vincennes, 41, avenue de Marigny.

On se procura donc de l'huile pour les armes, on fit coudre des boutons aux nombreuses capotes qui en manquaient. Les gradés durent même veiller à la propreté corporelle de leurs hommes. « Ne pas craindre d'aller au bain », disait le rapport du 12 décembre. Bientôt même, il leur faudra s'occuper de faire tondre ceux qui avaient les cheveux trop longs. Les rapports en parlèrent avec insistance. Revue sérieuse de linge et chaussures par les officiers subalternes, le samedi 10 ; inspection des chefs de bataillon, le dimanche 11, à l'entrée du bois de Vincennes. Malheureusement, les magasins étaient très pauvres. Celui du 5ᵉ contenait cinq pantalons ; peu ou point de souliers ; les mouchoirs et les caleçons s'y trouvaient en plus grand nombre ; néanmoins, il fallait encore économiser sur cet article et n'en donner qu'à ceux dont les besoins paraissaient urgents et bien certains. L'intendance vint toutefois un peu à l'aide des magasins épuisés. Elle fit distribuer aux hommes des guêtres et des souliers, le 13, de 11 heures à midi. Quelques jours après, le 16, elle fit prévenir que le chantier de bois de Joinville se trouvant épuisé, il faudrait dorénavant aller en chercher à Vincennes.

Au milieu de toutes ces préoccupations, les écritures ne perdaient point leurs droits. Dans beaucoup de compagnies, officiers et gradés comptables n'avaient pas encore remis les états de pertes pour les journées des 30 novembre et 2 décembre. Les renseignements semblent, en effet, avoir manqué un peu partout, tellement que ceux qui en possédaient par hasard dans le régiment du Morbihan sur les tués, les blessés ou les disparus, furent priés de les transmettre aux officiers chargés de l'état-civil. Il y en avait un par bataillon ; celui du 5ᵉ bataillon était M. du Cosquer, lieutenant-trésorier. En somme, les états de perte, réclamés le 4 décembre, manquaient encore pour la plupart dix jours après, le 14. Cette fois, le rapport les demanda d'urgence dans le plus bref délai possible. Aussi, le lendemain 15, ils étaient tous remis ; mais beaucoup de ces pièces paraissaient faites à la hâte et sans grand soin. Les officiers supérieurs s'en plaignirent au rapport. Quant aux situations journalières, il les fallait pour le 15 décembre, et, à partir de ce jour, elles seraient remises, tous les matins, aux adjudants de bataillon. On devait y joindre encore les propositions pour l'avancement. Le 18 décembre, fut publiée dans le 5ᵉ bataillon une liste de nominations et de distinctions accordées à la suite des derniers événements militaires.

« Le commandant est heureux, disait le rapport, de porter
« à la connaissance du bataillon les nominations suivantes :

« Sont nommés chevaliers de la Légion d'honneur :
« MM. Bassac et Desgoulles, capitaines.

« Est décoré de la médaille militaire : M. Philippe.

« Sont nommés lieutenants : M. Pendu, sous-lieutenant à
« la 2e ; M. Fassio, sous-lieutenant à la suite.

« Est nommé sous-lieutenant, M. Brohan, sergent-major.

« Les mises à l'ordre de ces nominations tiendront lieu de
« notification et serviront de titres aux officiers pour entrer
« en possession immédiate de leurs nouveaux grades.

« M. Fassio sera placé à la 1re du 5e.

« M. Brohan sera placé à la 5e du 5e (1). »

Dans le second bataillon, il n'y eut que des distinctions honorifiques. M. Hémelot, commandant la compagnie de Quiberon-Carnac, fut nommé chevalier de la Légion d'honneur ; les sergents Larieu et Gicquel, décorés de la médaille militaire.

Dans le premier, au contraire, ce n'étaient que promotions. Le lieutenant Le Diberder de la 5e, ce jeune avocat de Lorient qui, comme plusieurs autres de ses confrères, avait échangé la toge pour la tunique et la toque pour le képi, passait capitaine. Il allait remplacer, comme tel, M. Combes-Ferrier, démissionnaire ; Firmin Jullien, l'ancien « sergent La Ramée », sorti sous-lieutenant des urnes militaires le 19 septembre, homme de grand dévouement et par suite d'une sérieuse bravoure, était nommé lieutenant et passait de la 7e à la 1re, en remplacement de M. Gersant, fortement contusionné par un éclat d'obus, le 30 novembre. Le sous-lieutenant de cette 7e du 1er était M. Tessoles, de l'île de Groix, élu sous-lieutenant avant le départ de Suresnes, en remplacement de M. Chamaillard qui, à cette époque, avait été promu lieutenant et officier payeur. Le sergent-major Ropert, fils du capitaine de vaisseau qui commandait la division du port de Lorient, avait été, devant le parc de Villiers, projeté en l'air par un obus qui éclatait à ses pieds ; il était retombé sain et sauf ; mais ce grand danger, bravement encouru et presque miraculeusement évité, lui valut en partie le grade de sous-lieutenant. Fut aussi et en même temps nommé sous-lieutenant, le sergent-fourrier de la 6e, Gustave

---

(1) Cahier de rapports du 5e bataillon.

de Perrien, ce châtelain de Locunolé qui, bien que réformé à la suite d'un accident, avait tout fait pour partir dans la Mobile et y avait réussi.

Dans cette vie de repos relatif, les exercices avaient une part aussi grande que possible, mais combien aléatoire ! subordonnés au temps souvent mauvais, aux revues, aux distributions, etc. Un premier appel se faisait à sept heures et demie devant le front des compagnies assemblées, sac au dos et en armes ; quelquefois, une théorie pratique pour les caporaux et sous-officiers commençait immédiatement après ; en général, la matinée était consacrée au nettoyage des armes. Appel à midi ; il fallait ensuite, s'il faisait beau, partir à l'exercice, arriver sur le terrain à une heure — c'étaient en général les grandes pelouses du bois de Vincennes — et le quitter à trois heures. Le service de garde, si chargé avant le départ de Suresnes, quoique presque annulé pour la 2e armée, eut néanmoins sa part, petite il est vrai, dans les soucis des officiers et les labeurs des hommes. Les ponts de bateaux de Joinville étaient maintenus en état pour le cas peu probable où on en aurait besoin. Chaque bataillon fournit à tour de rôle une demi-section de grand'garde et un petit poste d'un sergent, d'un caporal et de seize hommes destinés à en surveiller les approches et le passage.

Cependant, le temps s'écoulait et l'heure venait d'un nouvel effort. Le 14 décembre, la recommandation de se tenir prêt à partir parut de nouveau parmi les diverses prescriptions du rapport quotidien. Le lendemain, les soldats ne défirent pas leurs sacs après l'appel de midi. En effet, la réorganisation de l'armée du général Ducrot pouvait presque passer pour terminée. Elle ne comptait plus que deux corps d'armée au lieu de trois, mais le troisième, devenu second, ne changeait guère. Même commandant en chef, le général d'Exéa, mêmes divisionnaires et mêmes brigadiers sous ses ordres. Le régiment du Morbihan restait dans la division Bellemare et dans la brigade confiée au colonel Colonieu. Il y eut pourtant de ce côté une légère modification ; les mobiles de Seine-et-Marne, qui faisaient brigade avec ceux du Morbihan, passèrent, sans toutefois changer de division, dans la 1re brigade, sous les ordres du général Fournès. Ce fut le 136e de ligne qui forma dorénavant avec le 31e la 2e brigade, celle du colonel Colonieu.

Le 15 décembre, trois sergents de nos mobiles, un par bataillon, partaient, chacun à la tête de sept malingres de son bataillon, pour l'esplanade des Invalides, afin d'y garder les bagages régimentaires. Ils s'installèrent dans trois baraques où les attendaient les officiers désignés dans ce but. Le sergent du 5e se nommait Loget ; et le lieutenant du 5e, du Cosquer, préposé à l'état-civil, l'attendait lui et ses hommes dans la baraque N° 437. — Le lendemain 16, on mettait à l'étude, au point de vue dispositif, une innovation assez curieuse et intéressante. Il avait été décidé par le haut commandement que, dans la prochaine sortie, on ne recommencerait pas la faute de la précédente et que l'on ne démunirait pas les hommes de leurs couvertures, mais on s'était avisé d'en utiliser le fardeau et d'en faire comme un plastron protecteur sur la poitrine des soldats, tandis que la tente-abri protégeait les épaules et le dos. Les chefs d'unités se mirent alors en devoir d'étudier la façon de leur faire porter cette cuirasse à double fin d'une façon uniforme. On s'arrêta aux dispositions suivantes pour la couverture : celle-ci, pliée en deux sur la poitrine, était attachée, d'une part, au cou par la cravate qui, suivant l'habitude, faisait plusieurs tours, de l'autre par le ceinturon. Elle constituait aussi une sorte de manchon dans lequel les hommes, portant l'arme à la bretelle, pouvaient abriter leurs mains.

Les commandants prescrivirent le 16 décembre, après l'appel de midi, une petite revue dans le but d'examiner l'effet d'ensemble. Ce manteau défensif devint dès lors pour ainsi dire réglementaire dans tout le régiment.

Enfin, signal d'un départ imminent, le dimanche 18, par le temps doux et clair de ce jour, le général Ducrot passa lui-même, ou fit passer par ses généraux de division, une grande revue de toute son armée sur les vastes prairies du bois de Vincennes. Au 5e bataillon, on s'y préparait depuis l'avant-veille par des inspections de sous-officiers et d'officiers de semaine, de commandants de compagnie, sous le stimulant plusieurs fois renouvelé des prescriptions du rapport. On y avait spécialement travaillé toute la journée du samedi : nettoyages à fond, coupe de cheveux... Le matin de cette revue de départ, les officiers qui le voulurent allèrent assister à des expériences qui se firent ce jour-là au fort de Rosny. Il s'agissait d'essayer une nouvelle poudre dite dynamique. On sait que les inventions foisonnaient à cette époque. Il y en avait quelques-unes de bonnes et de pratiques, beaucoup d'imaginaires et de mauvaises, sinon stupides, mais toutes, insuffisamment élaborées et mûries, demeurèrent inutiles. Le jour même, des vivres de réserve furent distribués aux hommes pour six journées à compter du lendemain 19 décembre, que l'on croyait bien devoir être la date de la mise en route. Les sergents-majors emportèrent deux feuilles de prêt et des situations. Les hommes désignés par les médecins devaient rester en arrière et former un petit dépôt. Leurs cartouches furent distribuées à ceux qui partaient.

Cependant le lundi 19, les troupes ne s'ébranlèrent pas encore, mais l'ordre n'en pouvait plus tarder. Les derniers dispositifs de route sont faits. Ceux qui marcheront emportent seulement la demi-couverture et la tente-abri roulée sur le sac, les vivres, les cartouches, une brosse à graisse pour le fusil et avec cela encore les ustensiles de campement. Tout le reste, empaqueté, fut distribué en ballots ; la garde en sera confiée au petit dépôt, qui les accompagnera ultérieurement dans l'intérieur de Paris où ils seront réunis en quelque endroit fixé par les autorités de la Place.

✳

**Seconde affaire du Bourget (21 décembre 1870).** Une nouvelle sortie allait donc être tentée. Après les batailles des 30 novembre et 2 décembre, la 2ᵉ armée avait momentanément renoncé à percer par la presqu'île de Champigny, mais ce n'était que partie remise. Cette fois, on espérait réussir, par le côté nord, le projet avorté sur l'est. Il n'eût pas tenu d'ailleurs au général Ducrot de recommencer plus tôt l'attaque contre les lignes ennemies, mais il avait été obligé de la différer, d'abord à cause de l'extrême lassitude des troupes à la fin de cette rude semaine terminée le 3, ensuite à cause de la nécessité d'une réorganisation. Enfin, le 5 décembre, au moment où il allait, probablement sous peu, recommencer la lutte, une lettre de l'état-major général allemand annonça la réoccupation d'Orléans et la retraite de l'armée de la Loire ; elle proposait en même temps au gouverneur d'envoyer un de ses officiers pour s'en assurer. Le conseil de la défense nationale et le général Trochu regardèrent, non sans raison, ce message comme une sorte d'invite à un armistice avant-coureur de négociations pacifiques ; mais on voulut trop se convaincre que cette démarche dissimulait l'embarras croissant de l'ennemi devant la résistance parisienne et on laissa les choses aller, en éludant l'offre du comte de Moltke.

L'échec de l'armée de la Loire permettait désormais de chercher un autre point de sortie que dans les directions du sud ou de l'est. Or, une grande plaine s'étend au nord-nord-est de Paris, entre Saint-Denis et la forêt de Bondy, sans accidents de terrain que l'ennemi pût utiliser comme retranchements naturels, et où notre artillerie, moins dominée que sur les bords de la Marne, serait à même d'agir avec une infériorité moins marquée. Les généraux dirigèrent leurs vues de ce côté ; c'est dans ce rayon qu'ils allaient concentrer les efforts de leurs troupes. La seconde armée allait s'établir entre la Courneuve et Aubervilliers d'une part, Bondy de l'autre ; le 2e corps, dont la division Bellemare faisait partie, spécialement entre Noisy-le-Sec et Bondy.

Le mardi 20 décembre, par un temps assez froid, l'appel eut lieu à dix heures, en armes et sac au dos. A dix heures et demie, le régiment du Morbihan partait, marchant autant que possible par section ou demi-compagnie, en ordre et en silence. Il alla s'établir ainsi avec la division tout entière près du hameau de Merlan, entre Noisy-le-Sec et Bondy, à 800 mètres dans l'est de Noisy-le-Sec. Là, il se rangea sur deux lignes en colonnes de peloton, à demi-distance par bataillon. L'emplacement des feux fut indiqué, avec recommandation expresse de n'en faire que de strictement suffisants pour la cuisson des aliments, les avant-postes ennemis étant assez éloignés sans doute, mais susceptibles néanmoins de distinguer à la rigueur les fumées trop abondantes et trop nombreuses. Les tentes se dressèrent ensuite dans les intervalles qui séparaient les bataillons. — « Au loin, de tous les « côtés, dit le capitaine du Bouëtiez de Kerorguen, flambaient « des feux de bivouac ; on s'attendait, le 20 au soir, à une « grande bataille pour le lendemain 21. » — Effectivement, tel était le plan du général Trochu. Mais, comme le Bourget constituait une sorte d'avancée des lignes prussiennes et que ce bourg commandait une bonne partie de la grande plaine à conquérir, on se proposait, avant toute chose, de le reprendre aux Prussiens. Le corps de Saint-Denis, commandé par le vice-amiral de la Roncière le Noury, en était chargé. La seconde armée ne devait que l'appuyer indirectement, en attaquant les positions ennemies situées au nord du chemin de fer de Soissons. Aussitôt le Bourget réoccupé, mais seulement alors, elle pousserait en avant sur tout son front.

Donc, le 21, à trois heures du matin, « on prenait le café, « et à quatre heures, par une nuit noire, les troupes se diri-« geaient vers le canal de l'Ourcq. Après une marche rapide « de près de trois heures, le 31ᵉ se formait en bataille dans « une plaine située sur la gauche de la route qui mène du « canal de l'Ourcq au village de Drancy, ou route des Petits-« Ponts. L'amiral de la Roncière attaquait le Bourget, et le « général Ducrot, faisant avancer son artillerie, engageait « une action très violente contre les batteries de Pont-Iblon « et de Blanc-Mesnil.

« Le fort d'Aubervilliers donne le signal de l'attaque à « sept heures du matin et ouvre le feu contre le Bourget. « Bondy est fortement occupé, la forêt est observée par de « très fortes batteries disposées en équerre de chaque côté « du pont du canal et sur la droite du canal de l'Ourcq.

« Après être resté deux heures l'arme au pied, le régiment « reçut l'ordre de se porter dans un grand champ situé près « de la ferme de Groslay, occupée dans la matinée par les « francs-tireurs de la division et contiguë à la route qui mène « à la forêt de Bondy (probablement la route des Petits-Ponts). « Une nombreuse artillerie française était dans le même

« champ ; la canonnade prenait un développement énorme ;
« les obus ennemis tombaient à droite sur la ferme de
« Groslay, à gauche sur l'artillerie, forcée à chaque instant
« de changer de place. Plusieurs projectiles tombèrent à
« toucher le 1er bataillon, sans blesser personne (1). »

Ces batteries placées près de la ferme de Groslay faisaient feu sur l'artillerie allemande dans le but de favoriser l'attaque du Bourget qui avait heureusement commencé. Les marins et deux bataillons du 138e de ligne s'y étaient emparés de toute la moitié occidentale du village. Mais aux canons de la seconde armée répondaient 9 batteries de la garde prussienne situées près de Blanc-Mesnil et d'autres postées à Sèvres et à Aulnay-lès-Bondy.

En même temps, dans le 2e corps, on creusait des tranchées pour former des abris à la troupe et se consolider sur la position. Ce fut le 2e bataillon du Morbihan que l'on chargea de ce travail ; le 5e restait avec le gros des troupes en réserve, un peu en arrière de la ferme de Groslay.

« La première section de la 3e compagnie du 1er bataillon
« fut envoyée, sous les ordres du sous-lieutenant Raoul de
« Perrien, pour protéger les travailleurs. — Entre une heure
« et deux heures, arriva l'ordre de porter en avant les deux
« premières compagnies et ce qui restait de la 3e, c'est-à-dire
« la moitié environ de la 3e.
« Les capitaines Quinchez et Marquet prirent la gauche
« de la route des Petits-Ponts, le capitaine du Bouëtiez de
« Kerorguen, avec le lieutenant Nayel, s'avança sur la droite.
« Les 4e, 5e, 6e et 7e restèrent en réserve sous les ordres
« directs du commandant Dauvergne.....
« Les trois compagnies s'étant rejointes, furent disposées
« par le colonel Tillet le long d'un petit talus courant entre
« un chemin qui conduisait à Bondy et la voie ferrée de
« Soissons. La première compagnie, avec le capitaine Quinchez,
« le lieutenant Jullien et le sous-lieutenant Tessoles, fut placée
« à l'extrême-gauche de la ligne de bataille, presque à toucher

(1) *Le bataillon de Lorient....* par A. du Bouëtiez de Kerorguen, op. cit.

« le chemin de fer et une petite maison de garde que les
« Prussiens avaient évacuée le matin. La 2ᵉ compagnie, sous
« les ordres du capitaine Marquet et de son frère le sous-
« lieutenant, tenait le centre ; la 3ᵉ, avec le capitaine du
« Bouëtiez, le lieutenant Nayel et le sous-lieutenant de Perrien,
« occupait la gauche et venait jusqu'au chemin de Bondy.
« Les autres compagnies du 1ᵉʳ bataillon étaient demeurées
« un peu en arrière, à côté des batteries d'artillerie, qui
« n'avançaient qu'avec une lenteur désespérante ou qui même,
« pour être plus dans le vrai, n'avançaient pas du tout.

« Pendant quelque temps, les Prussiens, occupés sur la
« gauche du côté de Drancy, n'inquiétèrent nullement ces
« trois compagnies venues se placer à cinq cents mètres de
« leurs avant-postes. Des cavaliers s'étaient montrés pour
« reconnaître la quantité de troupes embusquées ; on les
« avait reçus à coups de fusil ; ils s'étaient enfuis. A chaque
« instant des obus français, lancés probablement par une
« batterie de pièces marines située près de l'Ourcq, passaient
« en sifflant au-dessus des hommes, tantôt tombant au bout
« du champ sur lequel s'étendait le talus, tantôt tombant
« assez près pour couper les branches des arbres plantés
« sur le talus et couvrir de terre les hommes embusqués.
« Quelques obus prussiens étaient aussi tombés en arrière
« du talus, mais en petit nombre, et plutôt dirigés sur
« l'artillerie que sur les mobiles.

« Pendant ce chassé-croisé de projectiles, le colonel Tillet
« se promenait de l'air le plus tranquille du monde, le long
« de la ligne occupée par ses troupes, causant avec l'un ou
« avec l'autre, plaisantant la maladresse de nos artilleurs et
« rassurant les moins braves par l'exemple de son admirable
« sang-froid. Ayant souvent pris part à des expéditions mili-
« taires, le colonel Tillet ne comprenait rien au plan qu'il voyait
« se développer. Il se demandait pourquoi l'artillerie française
« s'obstinait à demeurer si loin en arrière des positions à
« occuper, et pourquoi les longues colonnes de troupes qu'on
« voyait en arrière de Groslay, massées en réserve, n'étaient
« pas formées en colonnes d'attaque et lancées en avant (1). »

(1) *Le bataillon de Lorient...*, par A. du Bouëtiez de Kerorguen, op. cit.

Pendant ce temps, le 2ᵉ bataillon avait rapidement poussé, non sans sérieux dangers, son travail de tranchées. Une batterie avait été placée un peu en avant. Mais la protection qu'elle semblait ainsi donner aux travailleurs se trouva être non seulement illusoire mais dangereuse. Ces pièces attiraient les obus ennemis, qui pleuvaient tout autour d'elles et qui s'abattaient en grand nombre sur les tranchées de Groslay. Beaucoup heureusement tombaient sur la terre fraîchement extraite des fossés et encore molle. Comme en beaucoup d'autres occasions pendant le siège, ils n'éclataient pas, la capsule fulminante qui garnissait leur extrémité ne rencontrant aucun obstacle assez dur pour la faire détonner.

Durant cette rude épreuve, au cours de laquelle les mobiles du 2ᵉ bataillon recevaient de nombreux coups sans pouvoir se défendre, leur chef, le commandant Buriel, sut, par son sang-froid, inspirer courage et confiance à sa troupe. Mais elle compta plusieurs blessés et quelques morts. Le sergent-major Jorre fut frappé dans le dos par un éclat d'obus ; le sergent Guégan, qui, pour sa belle conduite en ce jour, sera plus tard décoré de la médaille militaire, reçut également une blessure. Un autre projectile éclata près d'un soldat qui se releva indemne, mais avec la capote en feu ; un sous-officier voisin l'éteignit aussitôt avec quelques pelletées de terre. Là mourut le sergent Joly de la 7ᵉ. Un obus faisant boulet lui enleva le dessus de la boîte crânienne. Il restait debout, inondé de sang. A cette vue plusieurs mobiles accoururent pour le soutenir et l'emporter à l'ambulance. Ils le prirent dans leurs bras ; il était mort. Quand le travail fut terminé, le 2ᵉ bataillon attendit au fond de ses tranchées.

Ce fut à peu près à cette heure-là que le gouverneur Trochu envoya une dépêche au général Ducrot pour lui prescrire d'arrêter tout mouvement et de se replier en arrière. Voici la raison de cet ordre. Deux des colonnes du corps de Saint-Denis qui, dès le commencement, avaient vigoureusement mené l'attaque se trouvèrent arrêtées par les murs de la partie orientale du Bourget. Nullement secondées par l'artillerie, abandonnées trop longtemps à leurs propres forces, elles durent bientôt battre en retraite. Il était alors environ onze heures du matin. Du moment que le Bourget restait aux Allemands, il ne fallait plus songer à effectuer une sortie dans cette direction ; du moins telle était l'idée du général Trochu. Dès lors, la 2e armée n'avait qu'à se replier.

Le général Ducrot attendait donc la prise de cette position du Bourget pour se porter franchement en avant ; de là cette inactivité des troupes qui étonnait tant le colonel Tillet. Quand, vers midi, le général Ducrot eut reçu le télégramme du général en chef annonçant l'inutilité de passer outre, le commandant de la seconde armée, toujours impatient de l'inaction ou du recul, peu disposé à céder le terrain sans lutte, laissa encore, faute de mieux, son artillerie continuer le combat, attendant pour se prononcer un ordre formel de retraite. Il le reçut vers trois heures. Peu de temps après, le mouvement rétrograde commença et, vers trois heures et demie, le gros des forces françaises revint s'établir sur la ligne Aubervilliers, Bobigny, Bondy, à trois kilomètres au sud du chemin de fer de Soissons. Cependant l'artillerie couvrait la retraite et entamait une lutte de plus en plus pénible avec les batteries prussiennes. Le régiment du Morbihan lui servit d'abord de soutien, mais dès qu'elle se retira, ce qui ne tarda guère, il eut à remplir en même temps l'office d'arrière-garde et de grand'garde derrière les tranchées creusées près de la ferme de Groslay. Mais son 1er bataillon, envoyé, comme nous l'avons vu, en toute première ligne, près du chemin de fer de Soissons, lors du mouvement en avant esquissé au début, restait en l'air, ainsi qu'un détachement du 136e de ligne venu avec lui.

« Quelle ne fut pas la stupéfaction du lieutenant-colonel
« Tillet quand tout à coup, en se retournant, il s'aperçut
« que la plaine naguère encore si bruyante, où les mitrail-
« leuses notamment lançaient décharges sur décharges sur
« des ennemis invisibles, devenait peu à peu silencieuse, que
« les troupes avaient déjà battu en retraite et qu'il se trouvait
« seul avec son 1er bataillon, les autres compagnies, les 4e,
« 5e, 6e et 7e, l'ayant rejoint bien en avant des lignes de
« tranchées établies dans la matinée.

« Bientôt arriva un officier d'état-major, apportant au

« colonel l'ordre de se replier sur la ligne des tranchées
« établies près de la ferme de Groslay. Les 4e, 5e, 6e et 7e,
« qui occupaient les fossés de la route des Petits-Ponts,
« commencèrent le mouvement de retraite. Les trois pre-
« mières reçurent également l'ordre de se mettre en route. En
« voyant ce mouvement de troupes, les Prussiens envoyèrent
« quelques volées de projectiles qui n'atteignirent personne.
« On se serait probablement tiré d'affaire sans grandes pertes,
« si au moment où le défilé était déjà commencé, un aide
« de camp du colonel Colonieu n'était venu donner contre-
« ordre et enjoindre de reprendre la position. Le mouvement
« s'exécuta immédiatement avec le plus grand ordre et le
« plus grand calme, malgré les obus qui commençaient à
« être dirigés exclusivement en arrière du petit talus.

« Il n'y avait pas dix minutes que les hommes des trois
« premières compagnies avaient repris leurs places que
« l'ennemi, auquel le faux mouvement qui venait d'être
« exécuté avait révélé la faiblesse numérique des troupes
« ainsi mises en avant, débouche en colonne serrée de
« derrière la chaussée du chemin de fer qui le dissimulait
« et s'avance jusqu'à six cents mètres du talus, dans ce
« même champ où tombaient quelques instants auparavant
« les obus français. Par un déplorable hasard, les batteries
« qui peu d'instants auparavant couvraient de projectiles
« ce champ où se massait la colonne prussienne, avaient
« cessé le feu et rien ne s'opposait à la marche en avant de
« l'ennemi. Les premiers qui apparaissent sont accueillis
« à coups de fusil ; ils hésitent un moment, mais leur nombre
« augmente toujours et ils ripostent par un feu de peloton,
« suivi d'un feu à volonté. La fusillade s'engage alors sur
« toute la ligne, vive, serrée, furibonde ; les hommes tirent
« avec une rapidité qui nuit à la justesse de leur tir ; néan-
« moins, les Prussiens, surpris de cette défense, s'arrêtèrent
« un moment (1).

« Vers quatre heures, écrit à l'*Abeille de Lorient* un des
« combattants du 1er bataillon, probablement le lieutenant

(1) *Le bataillon de Lorient...*, par A. du Bouëtiez de Kerorguen, op. cit.

« Nayel, l'ennemi envoie une colonne qui essaie de tourner
« notre gauche, tandis que sur notre droite il se déploie en
« tirailleurs sur la lisière du bois de Bondy. Nous étions
« bien embusqués ; nous les laissons approcher à bonne
« portée. Le colonel Tillet ordonne de commencer le feu
« par la gauche et notre fusillade est tellement vive qu'elle
« fait l'effet de mitrailleuses ; celle de l'ennemi était aussi
« bien nourrie, mais une grande partie des balles passaient
« sur notre tête et allaient balayer la route. Leurs batteries
« d'Aulnay nous envoyaient toujours des obus (1). »

« Le colonel Tillet, qui parcourt la ligne en recommandant
« de viser bas et de modérer la vitesse du tir, toujours calme
« au milieu des balles qui sifflent de toutes parts, envoie
« M. le lieutenant Nayel du côté de la ferme de Groslay, en
« arrière de laquelle étaient établies les ambulances et en
« avant de laquelle une forte tranchée était occupée par le
« 2e bataillon ; il rencontre un officier supérieur qui ne peut
« lui donner des nouvelles du brigadier Colonieu, mais qui,
« en revanche, lui dit : — « Qui est-ce donc qui commande
« là-bas ? » — « C'est le colonel Tillet, du régiment du
« Morbihan », répond M. Nayel. — « Eh bien ! ajoute
« l'officier, à quoi diable pense-t-il donc d'engager la bataille ?
« Ne voit-il pas que toutes les troupes se sont retirées et
« qu'il n'y a plus que lui qui soit à cette distance de nos
« tranchées ». — « Le colonel a l'ordre de se maintenir
« dans cette position, il s'y maintiendra jusqu'à la dernière
« extrémité. » — Et après cette réponse, M. Nayel, ne
« trouvant pas le colonel Colonieu ni personne autre qui
« pût donner des ordres, se mit en route pour revenir à sa
« compagnie, en dépit des obus qui déjà sillonnaient la route
« des Petits-Ponts.

« Pendant l'absence de M. Nayel, la lutte avait continué.
« Le feu était rapide des deux côtés, mais les Allemands
« avaient l'avantage d'être soutenus par une batterie d'artil-
« lerie, qui concentrait maintenant toutes ses forces sur les
« mobiles bretons. Tout à coup, l'on s'aperçoit que la gauche

(1) *Journal de Vannes*, N° du 7 janvier 1871.

« va être débordée ; des tirailleurs ennemis s'embusquent
« dans des huttes de gardes et derrière les remblais de la voie
« ferrée. D'un autre côté, à une certaine distance de la route,
« à droite, on a vu des soldats allemands se glisser derrière
« les premiers arbres de la forêt de Bondy. Aucun secours
« ne vient. Le colonel commence à être visiblement inquiet.
« Les balles arrivent de plus en plus nombreuses. Les hommes
« de la 3ᵉ compagnie, au milieu desquels se trouve le colonel,
« le supplient de ne pas autant s'exposer, mais la recomman-
« dation était tardive, une balle venait de l'atteindre en plein
« bras. Cet homme courageux ne songe qu'au salut de sa
« troupe, s'agenouille seulement, accablé par la douleur, sans
« proférer une plainte, et enveloppe lui-même son bras avec le
« pan de sa capote. Puis, entendant les hurrahs des ennemis
« qui commencent à tourner la position, il fait appeler le
« commandant Dauvergne, et donne l'ordre de battre en
« retraite en formant le carré (1). »

« Notre colonel, — raconte ici l'officier correspondant de
« l'*Abeille de Lorient* — voyant que les cartouchières se
« vidaient, me chargea d'aller chercher les quatre compa-
« gnies (2) placées en réserve. Je m'élançai en courant sur la
« route balayée par les projectiles, et en revenant bientôt avec
« les compagnies j'appris que notre brave colonel venait d'être
« blessé d'une balle au bras, et qu'il ordonnait la retraite.
« Je continuai à avancer pour rejoindre le colonel
« et nous le rapportâmes sur des fusils jusque près de
« la ferme de Groslay où nous trouvâmes un brancard (3). »

En effet, pendant l'absence de l'officier, « le capitaine adju-
« dant major Broni était arrivé de l'extrême-gauche, annon-
« çant que la colonne prussienne débordait. Déjà on distingue
« les uhlans qui précèdent de quelques pas. Le colonel répète
« son ordre de battre en retraite en formant le carré. Le
« capitaine Broni fait observer que, vu la disposition du
« terrain, ce mouvement sera difficile à opérer, que, de plus,

---

(1) *Le bataillon de Lorient...* par A. du Bouëtiez de Kerorguen, op. cit.
(2) Les 4ᵉ, 5ᵉ, 6ᵉ et 7ᵉ du 1ᵉʳ.
(3) *Journal de Vannes*, Nº du 7 janvier 1871.

« l'on risque d'être complètement cerné. » Il ajoute : — « Il
« n'y a qu'un moyen de sortir de ce mauvais pas, c'est de se
« retirer par les fossés de la route... » — Ordre est aussitôt
donné aux 4e, 5e, 6e et 7e compagnies, accourant sur l'ordre
de leur colonel au secours de leurs camarades des trois
premières, de rebrousser chemin et de se replier. Elles
s'écoulent de suite par les fossés de la route des Petits-Ponts.
« Puis les trois premières compagnies, dont pas un homme n'a
« bougé de sa position, se mettent en devoir de gagner à leur
« tour ces mêmes fossés. L'opération était périlleuse ; on se
« trouvait alors à 500 mètres d'une forte ligne de tirailleurs
« ennemis qui faisaient converger leurs feux sur la route et sur
« un endroit découvert qu'il fallait traverser pour y arriver.

« Le mouvement commence par la 3e, la 2e suit, puis la 1re.
« C'est surtout à ce moment que la situation est critique. Les
« projectiles, balles et obus, arrivent avec d'autant plus de
« rapidité que pour faire le mouvement il a fallu en partie
« cesser le feu, et que l'ennemi en a profité pour s'avancer.
« En arrivant sur la route, un homme de la 3e est tué raide ;
« un autre a les jambes emportées par un éclat d'obus ;
« d'autres sont atteints jusque dans les fossés.

« Les compagnies d'arrière, qui ont commencé les premières
« le mouvement de retraite, ne sont pas épargnées. A la 7e,
« le sergent Javelet a une partie du petit doigt emportée,
« plusieurs hommes sont jetés à terre par des balles dans
« les jambes.

« A la 1re et à la 2e, les pertes sont sensibles ; le sergent
« Lorec est tué, le lieutenant Jullien, qui n'a cessé de donner
« l'exemple d'un brillant courage, est renversé par un éclat
« d'obus reçu dans le côté. On le croit blessé mortellement,
« heureusement il n'en est rien, la commotion l'a un moment
« étourdi, il reprend connaissance assez à temps pour se
« remettre en route. Moins heureux, le capitaine Marquet
« tombe frappé d'une balle à la cuisse droite ; plusieurs de
« ses hommes sont tués ; les sergents Dupuis, Névo et de
« Larcher emportent le colonel en lui faisant un brancard
« de leurs fusils ; pendant le trajet, les balles pleuvent
« toujours ; Névo est atteint d'une balle au talon (1). »

(1) *Le bataillon de Lorient...* par A. du Bouëtiez de Kerorguen, op. cit.

A ce moment, le 5ᵉ bataillon, appelé par le colonel Tillet, était arrivé aux tranchées de Groslay et y avait relevé le 2ᵉ. Celui-ci, sous la direction du commandant Buriel, fut employé aussitôt en partie à protéger la retraite du 1ᵉʳ bataillon. Son chef, faisant preuve de sang-froid et d'habileté, se mit lui-même à la tête de quatre de ses compagnies et se porta sur la gauche pour arrêter le mouvement tournant de l'ennemi. De son côté, « le capitaine Duault, du 1ᵉʳ, ancien officier de
« marine, réussit à organiser, à une certaine distance en
« arrière du point abandonné, une ligne de tirailleurs qui se
« joint à un détachement du 136ᵉ de ligne qui se replie
« également, et l'on parvint à arrêter la marche en avant de
« l'ennemi. On est d'ailleurs près des tranchées françaises ;
« la nuit est arrivée. On s'arrête (1). »

L'ennemi repoussé se repliait sur la ligne de Soissons, le village d'Aulnay et la forêt de Bondy. Les mobiles du Morbihan avaient en somme dégagé la droite de la seconde armée que, sans la discipline et la solidité du 1ᵉʳ bataillon, les Allemands eussent évidemment essayé de déborder, après avoir capturé ou écrasé son avant-ligne et forcé les tranchées de Groslay (2). Le 31ᵉ fut donc, on peut le reconnaître, le héros de la journée sur ce point ; mais personne d'entre ses officiers, sous-officiers ou soldats ne chercha le moins du monde à s'en faire accroire. Ces hommes modestes, se contentant du sentiment intime d'avoir bien accompli leur devoir, ne se prévalurent

(1) *Le bataillon de Lorient......* par A. du Bouëtiez de Kerorguen, op. cit.

(2) « ... Aussi bien le général Ducrot ne se hâte pas de se retirer : le duel d'artil-
« lerie se prolonge, retentissant et vain. Les forts font leur partie dans cet
« assourdissant concert, qui dura jusqu'à trois heures et demie, moment où les
« batteries françaises reçoivent l'injonction de se replier en même temps que l'infan-
« terie. Dès que l'ennemi distingue ce mouvement, son infanterie veut tourner
« notre droite et s'approche de la ligne de Soissons. En dépit des balles que leur
« envoient les mobiles du Morbihan, de la division Bellemare, tapis derrière le
« remblai, les Allemands tâchent de nous déborder par la route des Petits-Ponts ;
« mais les mobiles bretons marchent courageusement au devant d'eux, les repous-
« sent brillamment et dégagent notre droite ». *Guerre de 1870-1871*, Paris.
*Second échec du Bourget*, par Alf. Duquet.

« ... A trois heures, ordre était donné aux batteries elles-mêmes de se retirer,
« et aux troupes de regagner leurs emplacements primitifs. L'ennemi essaya de
« précipiter notre mouvement par quelques attaques. Il fut tenu en respect par les
« mobiles du Morbihan et le 136ᵉ de ligne ». *Histoire générale de la guerre franco-
allemande*, par le lieutenant-colonel Rousset.

jamais du rôle presque inconsciemment joué par eux en cette occasion, que leur général de division de Bellemare apprécia en ces termes : « L'ennemi a été arrêté par la vigoureuse « résistance du lieutenant-colonel Tillet, commandant le « régiment du Morbihan (1). »

« Il est quatre heures et demie — continue le capitaine « du Bouëtiez de Kerorguen, — on se rallie en avant de « la ferme de Groslay, où le docteur Le Diberder, assisté de « MM. Mauricet et Fouquet, chirurgiens des deux autres « bataillons du régiment, panse les blessés auxquels le père « Tanguy, aumônier du 1er bataillon, prodigue également ses « soins. Tous s'accordaient pour faire l'éloge de ce dernier. « A Villiers, on l'avait vu s'élancer au-devant de quelques « fuyards et les arrêter par ses paroles ; à l'affaire qui venait « de se terminer, il était venu d'abord s'installer dans les « fossés de la route, et il avait fallu que le colonel lui donnât « l'ordre formel de quitter ce poste dangereux. — En « somme, ce jour-là, tout le monde fit courageusement son « devoir. Les troupes ne s'étaient pas trouvées sur le coup de « l'émotion que l'on ressent à la première affaire ; pas un « homme n'avait quitté son poste sans ordre, et le soir, le « colonel Tillet, juge compétent et difficile en pareille matière, « disait : « Je suis content » ; et il exprimait au commandant « Dauvergne la satisfaction que lui avait fait éprouver la « conduite du 1er bataillon (2). »

En résumé, le 1er bataillon avait eu dans ce combat, qui eût pu, sans la courageuse discipline des hommes et le sang-froid des chefs, tourner plus mal, neuf tués, dont le sergent Lorec ; dix-huit blessés, dont les sergents Louis Javelet, doigt coupé par un projectile, et Névo, talon broyé, ce qui allait nécessiter l'amputation du pied ; le lieutenant Firmin Jullien, fortement contusionné à la hanche droite ; le capitaine Marquet, la cuisse droite traversée par une balle, et enfin le lieutenant-colonel Tillet, le bras droit fracassé. De plus, deux

---

(1) Historique manuscrit de la 1re division du 3e corps, par le général de Bellemare, d'après Alfred Duquet. *Guerre de 1870-1871.* Paris. Second échec du Bourget.

(2) *Le bataillon de Lorient...* par A. du Bouëtiez de Kerorguen, op. cit.

des soldats blessés moururent des suites de leurs blessures. En outre, il fallut enregistrer la disparition de quatre hommes, probablement des tués ou des blessés oubliés et restés au pouvoir de l'ennemi.

Le 2ᵉ bataillon avait eu le sergent Joly et deux hommes tués, quatorze blessés, dont le sergent Guégan et un autre sous-officier. Cette unité avait subi la plus grande partie sinon la totalité de ses pertes pendant qu'elle creusait les tranchées près de la ferme de Groslay.

Le 5ᵉ, qui n'avait été guère exposé, n'eut vraisemblablement à compter dans ses rangs aucun mort, ni même aucun blessé.

Après cette chaude affaire, « l'ordre avait été donné de se
« retirer sur Bobigny, que le reste de la division avait déjà
« dû rallier. Malheureusement, comme cela est arrivé si
« souvent dans cette campagne, personne ne connaissait la
« route, et ce n'est que vers neuf heures du soir, après trois
« heures de marche, que les hommes, qui n'avaient rien pris
« depuis le matin à quatre heures, purent s'installer dans les
« maisons aux trois quarts démolies de ce petit village, où
« tous les corps étaient confondus (1). » Or, en suivant les routes, toutes libres et même fort carrossables, il y avait seulement 3.300 mètres de Groslay à Bobigny. — « En route,
« on avait rencontré les bataillons du Loiret qui, eux aussi,
« étaient à la recherche de leurs cantonnements.

« Le froid était tel que la terre, gelée à une grande
« profondeur, ne permettait pas d'enfoncer un piquet de
« tente. On se coucha comme on le put, qui dans des
« chambres sans croisées, qui, et ceux-là les plus heureux,
« dans des caves (2). »

---

(1) *Le bataillon de Lorient...* par A. du Bouëtiez de Kerorguen, op. cit.
(2)         id.

✝

**Evacuation du plateau d'Avron.**
**Bombardement de Paris**

Pendant l'après-midi de ce mercredi 21 décembre, le thermomètre, déjà bas, accusa une forte tendance à baisser encore davantage. Le soir il atteignait 8° au-dessous de zéro, dans la nuit du 21 au 22, il descendit jusqu'à 15° au-dessous de zéro. Le régiment du Morbihan compta parmi les favorisés qui, n'ayant pu dresser leurs tentes à cause de la dureté profonde et intense du sol, trouvèrent des abris dans les maisons, plus ou moins ouvertes, il est vrai, à tous les vents, mais enfin pourvues de toits et de murs. Beaucoup de soldats de la deuxième armée durent passer cette terrible nuit en plein air, chose qui, dans un pareil état de température, ne pouvait se faire impunément. Aussi, le lendemain, les médecins eurent-ils à constater 900 cas de congélation.

Le 22, le général Trochu réunit un conseil de guerre à Aubervilliers. Comme aux yeux du public parisien, très mal impressionné par tous ces grands efforts stériles, il ne voulait pas rester sur l'échec subi la veille, devant le Bourget, le gouverneur décida qu'on procéderait contre ce village suivant la méthode préconisée par le général Tripier et abandonnée depuis longtemps, c'est-à-dire par cheminement et tranchées d'approche. Un des généraux présents lui fit observer qu'il était à peu près impossible de creuser le sol devenu, par ces froids intenses, aussi dur que le rocher. Le général Trochu n'en maintint pas moins sa résolution, mais, en attendant, il ordonna de faire cantonner les troupes si éprouvées par la température et les fatigues. Au deuxième corps de la deuxième armée furent assignées les localités de Noisy-le-Sec et de Merlan. Effectivement, la division Bellemare, avec le régiment du Morbihan, alla ce jour même, jeudi 22 décembre, s'établir à Noisy-le-Sec : « le froid ayant

« acquis un degré d'intensité tel que toute opération militaire
« devenait impossible. Comme d'habitude, on arriva de nuit
« dans les nouveaux cantonnements ; aussi eut-on toutes
« sortes de difficultés pour loger les hommes (1). »

C'est alors que commença la mauvaise époque du siège. Il suffit de quelques jours pour que tout l'essaim des maladies amenées par la misère et le froid terrible s'abattît en même temps et en masse sur la deuxième armée : pneumonies, angines, diarrhées, congélations. Les malingres et les indisponibles faisaient nombre et comptèrent bientôt le tiers de l'effectif.

Le lieutenant-colonel Tillet blessé avait été emmené à Paris, à l'ambulance, et on avait été lui chercher un remplaçant dans la 2ᵉ division du corps d'armée, en dehors du 31ᵉ, Gratien-Gabriel Bonnard du Hanlay, un morbihannais (2) à vrai dire, chef de bataillon au 106ᵉ de ligne. Il faut bien reconnaître que cet officier supérieur était un militaire, non seulement très brave, mais encore aussi apte à instruire et à discipliner ses hommes qu'à les entraîner au feu. Trois semaines plus tôt, pendant le grand combat du 2 décembre, le général Trochu, parcourant le champ de bataille au fort de la lutte, électrisant les soldats par sa présence et ses harangues calmes et vibrantes, s'était écrié devant le 3ᵉ bataillon du 106ᵉ, vaillamment conduit par du Hanlay : — « Soldats, je viens de Champigny ! Là se
« battent comme des héros les soldats de deux vieux
« régiments ; vous ne leur cédez en rien. Brave du Hanlay,
« je vous fais lieutenant-colonel ! »

Est-ce à dire que ce chef valeureux et capable fût le meilleur remplaçant possible du lieutenant-colonel Tillet ? Quelque grandes que fussent ses qualités militaires, n'eût-il pas mieux valu investir de ce commandement un officier du corps, pénétré de ses habitudes, de ses traditions, de ses privilèges constitutifs, pour ainsi dire, connaissant depuis plus de temps le personnel des gradés et des simples gardes ? Un poste semblable ne convenait-il pas davantage, ne

---

(1) *Le bataillon de Lorient...* par A. du Bouëtiez de Kerorguen, op. cit.

(2) La famille Bonnard du Hanlay était une famille d'Auray, assez ancienne et assez connue.

revenait-il même pas presque de droit au commandant Patissier ? De fait, ce choix lui causa une amère déception. Retraité comme capitaine de la garde impériale, mais avec le rang de chef de bataillon, il avait, semble-il, le droit d'espérer que son abnégation, son dévouement et son zèle lui vaudraient, pour le moins, un avancement de grade dans le corps qu'il avait tant contribué à créer et à militariser. Sa santé se trouvait déjà fort ébranlée par ces épreuves, terribles pour un homme de son âge ayant longtemps fait campagne, affligé de plusieurs blessures, ne pouvant monter à cheval, et réduit à subir, sans atténuation, les mêmes fatigues que ses jeunes officiers. Aux souffrances physiques excessives qu'il supportait vaillamment, à la dépression morale qui glaçait partout les cœurs, de même que la terrible température de cette saison rigoureuse glaçait la nature, s'ajoutait donc, pour le commandant Patissier, l'amertume des déboires et des désillusions. Peut-être, au reste, se rattachait-il à cet espoir vraisemblable que Bonnard du Hanlay remplacerait le lieutenant-colonel Tillet à titre purement provisoire. Quels que fussent d'ailleurs ses sentiments intimes, nous le voyons faire bonne figure dans le cercle de ses officiers, et, au milieu de l'abattement général, leur prodiguer les encouragements et leur raffermir le cœur et l'âme.

La vie que les mobiles du 31e menèrent à Noisy-le-Sec ne fut pas longtemps tranquille. Les deux premiers jours cependant, ils jouirent de quelque repos. Le 23 décembre, on distribua des rations de vin et d'eau-de-vie, nécessitées par la dureté exceptionnelle de la température. Les appels de midi, sac au dos et en armes, recommencèrent. Mais le 24, le bruit d'une attaque possible des Allemands se répandit partout dans le 2e corps. Le rapport de ce jour prévit le cas d'un mouvement militaire. On laisserait, pour garder le cantonnement, une escouade par compagnie, sans compter les malingres.

En effet, le jour même, « à midi, une fausse alerte fit « prendre les armes à toutes les troupes placées en avant des « forts de Noisy et de Rosny. La division Bellemare alla se « former en bataille dans les prairies en avant et en arrière

« du canal de l'Ourcq. Ce ne fut qu'à huit heures du soir
« que les troupes regagnèrent leurs lieux de campement. Les
« hommes commençaient à être littéralement exténués de
« fatigue. Pendant plusieurs jours, continuellement réveillées
« au milieu de la nuit, les troupes partaient avant le jour
« pour prendre position sur les lieux que l'on croyait
« menacés. Rien de plus pénible que ces longues heures
« d'inaction par un froid glacial, attendant toujours un
« ennemi qui persistait à ne pas se montrer (1). »

L'origine de ces incessantes alertes provenait sans doute des travaux que les ennemis faisaient à quelques kilomètres de là, dans la direction de l'est. Dès le lendemain des batailles de la Marne, ils avaient pris leurs mesures pour rendre impossible toute nouvelle sortie dans ces parages. Bientôt, outre le renforcement de leurs lignes et de leurs positions, ils se préparèrent d'abord à battre de leurs feux le plateau d'Avron, pour le faire entièrement évacuer, ensuite à bombarder les forts situés à côté et derrière, ainsi que les villages voisins, pour chasser complètement nos troupes de cette zone. Dans ce but, ils construisirent, à partir du 21 décembre, des batteries de grosses pièces sur les hauteurs du Raincy, de Montfermeil et de Noisy-le-Grand. Les moins éloignées, celles du Raincy, se dressaient à environ cinq kilomètres de Noisy-le-Sec. On conçoit que ces mouvements insolites, vaguement connus, dont on ignorait la raison et le motif, dussent occasionner une inquiétude énervante et tinssent les troupes sur un qui-vive continuel.

Cependant les capitaines et leurs comptables avaient leurs situations à fournir, presque quotidiennement réclamées dans les rapports. Et la question des francs-tireurs qui formaient un petit corps à part dans la division ? — Car cette fois ils se détachaient vraiment de leurs unités d'origine.— Devaient-ils être portés au nombre des absents ?

On avait déjà essayé, alors que les 2e et 5e bataillons se trouvaient à Puteaux, de former ainsi une petite troupe d'élite qui reçut le nom de francs-tireurs, cette désignation étant alors à la mode. L'essai prit un certain développement ;

(1) *Le bataillon de Lorient...* par A. du Bouëtiez de Kerorguen, op. cit.

pourtant il ne dura pas ou du moins se vit interrompu par la grande sortie avec sa semaine de rudes épreuves et ses batailles de la Marne. Depuis, l'entreprenant général de Bellemare y revint. Pendant la courte époque de réorganisation marquée par le séjour du 31e à Fontenay-sous-Bois, il fit former un bataillon de 400 hommes à quatre compagnies, recrutée chacune dans l'un des quatre régiments de la division. Dans celle qui fut tirée du 31e, nous notons parmi les officiers : MM. Georges de Cadoudal commandant la compagnie, Marsille lieutenant ; parmi les sous-officiers, Guillevin et Grangien sergents au 2e bataillon, Philippe sergent au 5e ; parmi les caporaux, François Corvec et Guyomard. On attendit pourtant jusqu'au 22 décembre pour grouper séparément ces francs-tireurs et ils restèrent encore quelque temps après en subsistance parmi leurs anciens camarades. Devaient-ils, se demandait-on, être portés au nombre des absents ? Fallait-il comprendre leur solde et leurs rations dans celles de leurs compagnies ? — Oui, autant que possible jusqu'au matin du 25, jour de Noël (1).

Le dimanche, jour de Noël, arrive et passe lugubre et pénible. Froid glacial, misère, privations de toute espèce, découragement profond. Personne alors ne se dissimule plus que toute sortie est devenue irréalisable, et, sans qu'on ose se le dire, ni même se l'avouer, du simple soldat au général en chef, cette pensée obsédante circule en secret : « Il n'y a plus rien à faire ni à espérer ! » Tous continuent pourtant à faire courageusement leur devoir.

Cependant ce 25 décembre, le bataillon de francs-tireurs de la division, sous les ordres du commandant Blanc, fit une première reconnaissance, probablement du côté où les Allemands travaillaient à dresser leurs batteries — l'ouvrage touchait à sa fin — ils allaient bientôt les démasquer.

En effet, le mardi, 27 décembre, « par une matinée « sombre et froide (2), » — « les obus commencèrent à « tomber sur le cantonnement de Noisy-le-Sec. C'était le

---

(1) Cahier de rapports du 5e bataillon.

(2) *Histoire générale de la guerre franco-allemande*, par le lieutenant-colonel Rousset.

« prélude du bombardement du plateau d'Avron. Abimées
« par une véritable pluie de projectiles, les troupes qui oc-
« cupaient cette position, qu'on aurait dû fortifier, furent
« forcées de se retirer (1). » Ce mouvement de retraite eut
lieu dans la nuit du 28 au 29 décembre, au sein d'une obscurité profonde, sur des chemins défoncés en pente raide qu'un
fort verglas rendait par endroits excessivement glissants.
Il commença vers six heures du soir le 28.

Le lendemain, jeudi 29, « la division Bellemare évacue à son
« tour Noisy-le-Sec trop exposé et se concentre sur Bagnolet (2). »
Cette retraite s'effectua d'une façon très calme et méthodique.

On comptait partir dès la veille. Après l'appel ordinaire fait
à midi, en armes et sac au dos, la division devait sortir de
ses cantonnements de Noisy-le-Sec et marcher en ordre de
manœuvres jusqu'à 3 heures, le général de Bellemare « *se
réservant* », disait-il, « *le droit de faire des grandes manœuvres* (3) ». Tout cela paraît avoir été contremandé. Ce ne
fut, en effet, pas avant midi, le 28, que le gouverneur
général Trochu se rendit sur les lieux et décida, en grand
conseil de guerre, l'évacuation du plateau d'Avron pour la
nuit, et celle des villages avoisinants les forts pour le lendemain seulement.

Le 29 au matin, le 31e était donc encore à Noisy-le-Sec ; le
rapport prévint qu'il fallait se tenir prêt à partir au premier
ordre et que, tout de suite, les officiers fissent rassembler leurs
bagages. Le canon tonnait toujours avec violence. Des projectiles s'abattaient de temps à autre sur Noisy-le-Sec. C'était
une vraie pluie de fer et de feu sur le plateau d'Avron
évacué, ainsi que sur les forts de Noisy et de Rosny, surtout
sur ce dernier. Quelques heures après, le régiment du
Morbihan arrivait à Bagnolet, situé à 3 kilomètres environ
dans le sud-ouest de Noisy-le-Sec. Il se trouvait là aux
environs de Montreuil-sous-Bois, tout près de l'endroit
où les trois bataillons avaient cantonné dans la soirée du
27 novembre — journée, dure peut-être, mais pleine d'espoir.

---

(1) *Le bataillon de Lorient* ... par A. du Bouëtiez de Kerorguen, op. cit.
(2) Id.
(3) Cahier de rapports du 5e bataillon.

Aussitôt arrivés, les mobiles s'installèrent dans leurs nouveaux cantonnements aussi bien que possible, mais de façon que les divers services ne se gênassent pas mutuellement. Les capitaines durent veiller à ce que les locaux occupés fussent tenus dans le plus grand état de propreté. Il allait falloir procéder au nettoyage minutieux des effets (1). Bref, on escomptait une période de repos pendant laquelle les soldats reprendraient haleine et se remettraient bien en main. Le commandant ajoute dans le rapport du 30 décembre : « Les « malingres doivent se reposer. Recommander de ne pas « boire cette sale eau-de-vie que l'on vend. » Il voulait, non sans raison d'ailleurs, instituer un règlement aussi méticuleux et strict qu'en temps de paix. Rien de mieux sans doute pour maintenir la discipline dans une armée si éprouvée moralement et physiquement et, on peut le dire, si découragée. Mais il fallait compter avec les événements. Ils absorberont tellement les forces et le temps des hommes qu'ils ne laisseront après le travail plus de place qu'au repos et à l'inertie des corps épuisés.

Quand les batteries allemandes nouvellement dressées eurent fini de couvrir de projectiles le plateau d'Avron abandonné, ce fut pour concentrer leurs feux sur les forts de l'est. Il fallut alors ouvrir des tranchées dans un sol excessivement durci par les gelées, doubler dans les forts éventrés les murs des casemates avec des sacs à terre ; blinder leurs entrées avec de grosses poutres et, de plus, concourir à un service d'avant-postes très chargé le long du chemin de fer de Mulhouse et sur la ligne des forts. « Alors commença un « service des plus durs : la garde des tranchées par un froid « rigoureux, la terre couverte de neige, l'absence de tout feu « nécessitée par l'arrivée incessante des projectiles ennemis « sur tous les points où se trahissait la présence des Français. « Puis, c'étaient des services de nuit des plus pénibles ; il « fallait remplir des quantités considérables de sacs à terre « pour consolider et réparer les forts de Rosny et de Nogent « que les Allemands bombardaient avec acharnement (2). »

(1) Cahier de rapports du 5e bataillon.
(2) *Le bataillon de Lorient....* par A. du Bouëtiez de Kerorguen, op. cit.

Les bataillons partaient, à tour de rôle, pour les tranchées, après que les officiers eussent passé une revue sérieuse des armes. Les rassemblements prêtaient assez souvent à la critique des supérieurs. Ils prenaient beaucoup de temps et se faisaient sans ordre. Le commandant Patissier, assez exigeant sur cet article, invitait les sous-officiers et les caporaux à y veiller davantage. A Bagnolet, le 1er bataillon inaugure le service le 29 décembre au soir, le 2e lui succède le 30 et le 5e le 31. — « Alors, raconte le général Ducrot (1), « les soldats faisaient pitié à voir. La tête entourée de « chiffons, leur couverture pliée et repliée autour du corps, « les jambes enveloppées de loques, n'ayant plus forme de « soldats, ils allaient sous la bise glacée aux avant-postes, « aux tranchées. C'était bien, suivant l'expression d'un « membre du gouvernement, Moscou aux portes de Paris. »

Néanmoins, presque automatiquement, ces braves gens se traînaient plus qu'ils ne marchaient à l'endroit désigné avec un courage d'autant plus admirable qu'aucune illusion, qu'aucun espoir même ne les soutenait plus. Ils allaient ainsi jusqu'à ce que, exténués et fiévreux, ils fussent reconnus malades et pussent, à titre de malingres, jouir d'un répit relatif ou partissent pour les hôpitaux ou les ambulances. Il y en eut vingt mille dans ce cas pendant les dix derniers jours de décembre. Au 5e bataillon, le commandant Patissier, plein de sollicitude pour les malingres, n'admettait pas que les hommes encore valides s'esquivassent du pénible service des tranchées. Il est incontestable que leur exemple eût été déplorable s'il était resté impuni ou mollement puni ; d'ailleurs, ces hommes nuisaient par leur absence même aux soldats consciencieux qui continuaient à affronter ces terribles épreuves. Il menaça d'infliger 15 jours de prison à tous ceux qui, n'étant pas reconnus malades, manqueraient aux prises d'armes. Il eut même à sévir, et le 31 décembre 1870, il y avait deux hommes dans la 5e et un dans la 6e punis pour des fautes de ce genre. Lui-même, d'ailleurs, très éprouvé par les fatigues et les privations, continuait son ser-

---

(1) *La défense de Paris*. Tome III, p. 212, cité par le lieutenant-colonel Rousset. — *Histoire générale de la guerre franco-allemande*.

vice et accompagnait son bataillon partout où on lui commandait d'aller. Bientôt il n'en pourra plus. Le 2 janvier 1871 parurent diverses nominations de sous-officiers et de caporaux dans le bataillon. Les trois caporaux Prosper Bernallin, Gabriel Delanoë et Jean-Marie Rondouin passaient sergents ou sergents-fourriers ; les sept gardes mobiles Louis-Mathurin Le Corre, Pierre-Marie Hercouët, Joseph Caudal, Charles Sergent, Jean-Marie Jouannic, Le Moyec et Millés passaient caporaux. L'élève tambour Huet fut nommé tambour en pied, les élèves clairons Chevalier et Lohé, clairons en pied. La veille, les punitions de salle de police avaient été levées. Voilà en quoi consistèrent les étrennes de cette nouvelle année 1871 qui s'annonçait si mal. Il y en eut d'autres. Une nouvelle expédition des francs-tireurs de la division Bellemare sur le plateau d'Avron évacué, rapporta, le jour de l'an, 54 obus de 7 abandonnés.

Cependant les autorités militaires firent ce qu'elles purent pour atténuer la misère des soldats. On distribua des souliers et des pantalons, sur bons nominatifs, aux plus nécessiteux. Les plus vieux effets servirent à réparer les autres. Le commandant Patissier demanda une note de tout ce qui manquait dans les compagnies en fait de cartouchières, képis, fusils, etc. On irait ensuite chercher le tout à Paris, mais il était bien spécifié que ceux qui auraient perdu une fourniture quelconque d'armement, d'habillement et d'équipement, la paieraient sur leurs sous de poche. — Cette pénalité, bien théorique, est un signe des temps. L'ordre se soutenait à grand'peine ; on ne pouvait plus réagir contre un laisser aller et une négligence presque inévitables dans les épreuves de cette vie aussi pénible que confuse et mouvementée. Les vivres commençaient à diminuer. Plus que jamais les soldats eussent eu besoin d'être réconfortés par une nourriture abondante et substantielle, et il fallait restreindre de jour en jour les rations !

Pendant ces heures d'angoisse et de souffrance, les officiers du 5e bataillon trouvaient dans le commandant Patissier un chef vraiment paternel, un ami qui consolait, un guide qui encourageait. — « Le plateau d'Avron venait d'être évacué

« — nous raconte un témoin oculaire — les vivres man-
« quaient et les obus prussiens décimaient les hommes.
« Depuis près de quatre mois on était sans nouvelles de la
« famille et du pays. — On ne croyait plus à la grande sortie,
« le découragement morne montait au cœur. Patissier
« devenait alors le foyer, le centre auprès duquel on allait se
« retremper. Toujours gai, il gouaillait les plus timides,
« racontait des histoires de bivouac, des souvenirs de la Crimée
« et savait à tous parler du pays. — Malheureusement le
« commandant Patissier en avait pris plus que ses forces ne
« lui permettaient. Miné par la fièvre, il fut forcé d'entrer à
« l'ambulance. » Ce fut le vendredi 6 janvier que le chef du
5e bataillon devint indisponible et résigna momentanément
ses fonctions entre les mains du capitaine Toupriant. En
même temps, le lieutenant-colonel du Hanlay, par décision
ministérielle du 30 décembre précédent, prenait pied d'une
façon définitive au 31e régiment et, en l'absence du lieutenant-
colonel Tillet, devenait chef de cette unité tactique.

Un des premiers actes du capitaine Toupriant fut d'inviter
les commandants de compagnie à prélever chacun sur son
boni, — les rations de vivres devenant de jour en jour plus
restreintes, — de quoi acheter quotidiennement une demi-livre
de pain blanc et quelques morceaux de sucre. Pareille
décision montre avec une éloquence saisissante à quel degré
de privation les combattants se trouvaient réduits.

Cependant le lieutenant-colonel du Hanlay, définitivement
placé à la tête du 31e, en l'absence de Tillet, se mettait en
devoir de transformer le régiment du Morbihan en un vrai
régiment d'infanterie de ligne. Dès le 7 janvier, il commençait l'inspection des cantonnements. Le 12, après l'appel de
midi, il se faisait présenter les officiers en tenue du jour par
les chefs de bataillon. Jusque là rien d'inusité. Mais le 10 janvier, il réglait pour *tous les bataillons* l'emploi du temps.
Théorie de 1 heure à 3 sur le service en campagne, sur la
manière de reconnaître les rondes et les patrouilles. Les chefs
de bataillon devront veiller à l'instruction de leurs officiers ;
s'assurer qu'ils possèdent chacun une théorie sur le service
en campagne ; leur faire deux fois la semaine des conférences

sur le service intérieur, le service en campagne et l'école de peloton (ou de compagnie). Ils devront encore inspecter successivement toutes leurs compagnies, une ou deux par jour, pour s'assurer de la tenue et de la propreté des hommes (1). Le 5ᵉ ne possédant alors qu'un simple capitaine pour chef titulaire, le lieutenant-colonel se chargea lui-même d'examiner les diverses compagnies en tenue de campagne. Il vit ainsi la 1ʳᵉ le 11, à deux heures ; la 2ᵉ le 12, à la même heure ; la 3ᵉ le 13. De plus il astreignit les bataillons à lui fournir tous les cinq jours un état de leurs hommes tués, blessés ou disparus pendant ces cinq jours. Enfin, après avoir prescrit aux capitaines de ne délivrer que les permissions indispensables pour raisons de service aux militaires qui voudraient sortir du cantonnement ou aller à Paris, il décida finalement qu'il se réservait à lui seul de les accorder. Bref, le lieutenant-colonel du Hanlay ne semble pas avoir conçu son rôle de la même façon que ses prédécesseurs. Peu préoccupé des traditions laissées par de Camas et Tillet, il oublia que les bataillons constituaient les seules vraies unités supérieures de la garde mobile, que la loi les avait faits autonomes tout autant que ceux de chasseurs à pied, et enfin que les régiments formés par leur groupement occasionnel ne possédaient qu'une simple valeur tactique, destinée à leur fournir en campagne et sur les champs de bataille un lien transitoire.

Toujours est-il que, pour une raison ou pour une autre, les trois bataillons tendaient de plus en plus, sous la nouvelle impulsion, non seulement à se souder mais à se fondre. Le régiment du Morbihan, le 31ᵉ mobiles, se changeait en un 31ᵉ d'infanterie de ligne. Cela est si vrai, même au sens propre, que le nouveau lieutenant-colonel pressait les commandants de compagnie de faire coudre le plus tôt possible le numéro 31 sur les képis. Le commandement supérieur était désorganisé, il faut le dire, dans les trois bataillons ; on ne saurait refuser à du Hanlay le mérite de s'être employé avec la plus grande activité à le restaurer, mais en le concentrant dans sa main. L'ordre et le silence faisaient un peu défaut dans les rassemblements : il les demanda et les exigea, menaçant même la troupe, si elle

---

(1) Cahier de rapports du 5ᵉ bataillon.

continuait à se réunir avec bruit et confusion, comme il avait pu le constater à un certain appel du matin, de la tenir une heure sous les armes. Or, le froid était toujours rigoureux.

Il veilla aussi sur la propreté des hommes et de leurs effets avec constance et exactitude. Plus que jamais à ce moment ces soins s'imposaient, l'état sanitaire général était déplorable, les contagions de toute espèce sévissant universellement. Le 14 janvier, une note du corps d'armée attirait l'attention sur une maladie d'un ordre moins dangereux que les autres sans doute, mais très contagieuse et fort gênante, très répandue dans le 2ᵉ corps. Il s'agissait du *prurigo pédiculaire*, dont la principale cause était la malpropreté. Pour la combattre, on devait multiplier les lotions d'eau chaude savonneuse.

Pendant ce temps, les événements avaient marché. Le service des tranchées continuait, moins dur peut-être parce que les ouvrages de terrassement avaient été réduits et que le feu des Allemands diminuait un peu à l'est, mais toujours aussi pénible sous le rapport de la température. Tous les quatre jours, chaque bataillon partait pour y aller veiller et travailler pendant vingt-quatre heures. Le moment de la relève était fixé à cinq heures du matin, longtemps avant l'aube. Aussi, comptait-on alors tant d'indisponibles, qu'on envoyait même les hommes dépourvus d'armes aux forts et aux avant-postes. Voici peut-être une raison de l'accalmie bien relative dont ils profitaient.

Le 5 janvier, les batteries du sud, auxquelles les Allemands travaillaient depuis la mi-novembre, se trouvant prêtes, elles ouvrirent un feu violent contre les forts qui défendaient Paris de ce côté. Le même jour, elles commencèrent à disséminer des obus dans les quartiers méridionaux de la capitale. Le 6, les canons prussiens se mirent franchement à bombarder la ville. Ils continuèrent les jours suivants, sans interruption pendant la nuit, à diriger leurs coups sur les principaux édifices avec une barbarie savante et une sauvagerie raffinée.

Au cours du bombardement, les francs-tireurs de la division Bellemare continuèrent leurs expéditions qui, presque toujours, avaient pour but le plateau d'Avron et ses environs immédiats. — Le 4 janvier ils avaient fait trois prisonniers, mais eu un homme de tué. — Le 9, par une lamentable méprise, leurs propres camarades des grand'gardes françaises leur blessèrent trois hommes, dont un caporal du 136e. — Dans la nuit du 11 au 12 ils poussèrent jusqu'auprès d'une grand'garde saxonne installée sur le plateau d'Avron, au village de Beauséjour ; ils surprirent et enlevèrent dans son voisinage une patrouille de cinq hommes et son chef, un sous-officier du régiment Frédéric-Auguste de Saxe, sans la moindre perte ni le moindre dommage (1). — Nouvelle expédition le 13, mais qui ne donna aucun résultat.

Cependant, au milieu des malheurs et des souffrances de toutes sortes qui, de concert avec les projectiles, pleuvaient sur Paris, la presse et les clubs divaguaient. Sur ces entrefaites, on reçut une lettre de Gambetta, datée du 8 janvier, qui représentait sous les couleurs d'un optimisme exagéré la situation des armées de province : Chanzy, avec l'armée de la Loire, marchait sur Dreux ; celle du Nord avait battu les Prussiens à Bapaume ; dans l'est, Bourbaki chassait « devant lui Werder déconcerté (2) ». Les imaginations parisiennes, déjà déséquilibrées par les privations, surexcitées par les hâbleries tempétueuses des rhéteurs et les rêveries stratégiques de leurs journaux, se cramponnaient aussitôt à l'idée d'une nouvelle sortie.

De son côté, le gouvernement, plus influencé par cette opinion publique nerveuse et affolée que par aucune conception militaire, se résolut comme toujours à lui obéir. Dans la nuit du lundi 16 janvier au 17, le conseil supérieur de la défense nationale décréta un suprême effort vers l'ouest, du côté de Montretout, Garches et Buzenval. C'était dans cette direction

---

(1) *Journal officiel*, N° du 13 janvier 1871 : « La nuit dernière, le commandant « Blanc, avec une compagnie de zouaves et une compagnie de mobiles du Morbihan, « a fait une reconnaissance sur le plateau d'Avron. Les postes prussiens ont été « vigoureusement chassés, et la petite colonne est rentrée avant le jour, après avoir « enlevé six prisonniers. »

« Paris, le 12 janvier 1871,

*Le gouverneur de Paris,*
Par ordre : *Le général chef d'état-major général,*
SCHMITZ.

(2) *Histoire générale de la guerre franco-allemande*, par le lieutenant-colonel Rousset, tome III, p. 360.

que les 2ᵉ et 5ᵉ bataillons avaient reçu le baptême du feu près de la Malmaison, et depuis ce temps, pendant plus de trois mois, les ennemis y avaient accumulé défenses sur défenses, obstacles sur obstacles. Bien plus, afin peut-être de surprendre le grand état-major allemand, et avec lui le roi de Prusse, son ministre Bismarck et son généralissime le comte de Moltke, Jules Favre fit pression sur le général Trochu pour que la sortie eût lieu le surlendemain. A force d'instances réitérées et imprudentes, il obtint que le délai de préparation fût réduit à un minimum d'une ridicule insuffisance. On se sépara le mardi matin, entre minuit et une heure, en fixant le jeu de la carte suprême au 19 janvier.

Le jour même de cette décision, c'est-à-dire le mardi 17, la division de Bellemare reçut le matin l'ordre de se préparer à partir. Les hommes touchaient chacun quatre jours de vivres et le régiment quitta définitivement Bagnolet dans l'après-midi. Il y avait vécu près de vingt jours d'une vie d'épreuves et de surmenage. Aussi ne pouvait-il beaucoup regretter ce séjour froid, pénible et laborieux. Pendant ce laps de temps où, presque chaque nuit, un de ses bataillons tantôt travaillait aux tranchées, tantôt veillait aux avant-postes, il n'avait pas éprouvé de pertes par le feu et comptait seulement quelques blessés dans ses rangs. Le 1ᵉʳ bataillon en avait eu un, le 2ᵉ deux, le 4 janvier, tous trois frappés par des éclats d'obus ; le 5ᵉ n'avait sans doute pas été plus maltraité.

✝

**Bataille de Buzenval (19 janvier 1871).**

Le 17 janvier, le régiment du Morbihan se dirigea donc sur Courbevoie. Il y arriva l'après-midi sans obstacle. Le 31ᵉ cantonna dans cette localité pendant la nuit du 17 au 18 janvier et « le 18 il fit ses préparatifs pour prendre part à « l'attaque du 19 (1). »

(1) *Le bataillon de Lorient...*, par A. du Bouëtiez de Kerorguen, op. cit.

Le 18, une grande partie de l'armée était réunie sur la rive gauche de la Seine, à portée des futures opérations. Les troupes qui devaient effectuer la sortie venaient d'être divisées en trois corps d'armée d'une façon assez arbitraire. Tout l'ordre de bataille établi depuis la mi-novembre et respecté dans son ensemble lors de la réorganisation qui suivit les grands combats de la Marne avait été, cette fois, brisé et confondu. Le général de division Carey de Bellemare se trouvait à la tête du second corps d'armée. Il devenait ainsi l'égal de son supérieur, le général Ducrot, l'ancien chef de la deuxième armée, qui commandait le troisième. L'ancien chef de la troisième armée, le général Vinoy, dirigeait le 1er corps. Le général en chef n'était autre que le gouverneur lui-même, le général Trochu. Le 18 au soir, la majeure partie du corps d'armée de Ducrot, c'est-à-dire du 3e, se trouvait encore sur la rive droite de la Seine.

Dans la nuit du 18 au 19, le régiment prit le café à trois heures, et à quatre il quittait Courbevoie pour se rendre à la ferme de la Fouilleuse, située à seize ou dix-sept cents mètres sud-sud-ouest du Mont-Valérien et à onze cents mètres environ à l'est du château de Buzenval. Là devait se rassembler tout le second corps d'armée, confié au général de Bellemare, constituant la colonne dite du centre. La brigade du colonel Colonieu, dont le 31e faisait partie avec le 136e de ligne, y avait été insérée tout entière. Cette colonne du centre avait pour objectif d'abord le parc de Buzenval, environné de murs et couvert de bois dans sa partie méridionale, puis la partie est du plateau de la Bergerie, qui s'étend au sud de ce parc jusqu'au bourg de Garches. Celle de gauche, sous les ordres du général Vinoy, devait enlever la redoute de Montretout et les parties septentrionales et occidentales de Saint-Cloud jusqu'au Petit-Garches. « Celle de « droite, commandée par le général Ducrot, allait opérer « contre le parc de Buzenval », partie ouest, les bois de Longboyau et s'étendre le long du ravin de Longboyau jusqu'à La Malmaison.

Ces trois corps avaient reçu l'ordre d'attaquer en même temps, à six heures du matin, dès que le Mont-Valérien aurait donné le signal en tirant trois coups de canon consécutifs.

Dans cette matinée du jeudi 19 janvier « le temps était à « la fois humide et froid, la terre boueuse et détrempée (1) ». Il dégelait, mais pendant ces dernières heures de la nuit, la température s'était de nouveau abaissée et d'épais bancs de brume couvraient la Seine sur ses deux rives. Une indicible confusion, une inextricable cohue régnaient sur les routes qui menaient aux emplacements de combat. Comme la préparation du mouvement avait été si follement rapide qu'elle n'existait pour ainsi dire pas, rien n'avait pu être calculé en vue d'un écoulement des troupes continu, méthodique et bien réglé. Presque tout le corps de Ducrot avait bivouaqué ou cantonné sur la rive droite de la Seine, et deux ponts seulement, celui de Neuilly et celui d'Asnières, ordinairement réservé au chemin de fer, pouvaient lui servir de passage. Aussi, des trains chargés de soldats et de matériel passaient-ils sur ce dernier en même temps que de longues files de fantassins. De plus, toute la partie de la grande route nationale de Cherbourg comprise entre le rond-point de Courbevoie et celui des Bergères se trouvait commune à l'armée tout entière. On conçoit que, dans de pareilles conditions, quand nul horaire, nul itinéraire soigneusement étudiés ne règlent la marche des colonnes, la cohue et la confusion soient à leur comble. — Ajoutons qu'on avait adjoint à l'armée régulière et aux mobiles une proportion considérable de gardes nationaux de Paris mobilisés : ils constituaient presque la moitié de l'effectif général qui montait à environ 90.000 hommes. —

« De toutes parts arrivaient des troupes — raconte le capi-
« taine du Bouëtiez de Kerorguen — artillerie, ligne, mobiles,
« mobilisés. Les routes étaient encombrées de trains et
« d'équipages qui forçaient les régiments à se scinder et à
« ralentir leur marche. Les troupes paraissaient néanmoins
« pleines d'entrain ; on croyait à une victoire encore possible.
« — Par suite d'un retard occasionné par le défilé d'une
« colonne d'artillerie égarée » et de la confusion générale,
« la division n'arriva en avant du Mont-Valérien qu'à huit
« heures. L'on fit halte entre le Mont-Valérien et la ferme de
« la Fouilleuse, pendant que les 2e et 3e bataillons du 136e et

---

(1) *Le bataillon de Lorient...*, par A. du Bouëtiez de Kerorguen, op. cit.

« le 9e régiment de garde nationale, qui leur était adjoint,
« attaquaient le parc de Buzenval. »

Les francs-tireurs de l'ancienne division Bellemare protégeaient la droite et devaient assurer la liaison avec le corps du général Ducrot dès qu'il arriverait. Le 31e mobiles, commandé par le lieutenant-colonel du Hanlay, et le 1er bataillon du 136e formaient la réserve.

L'action était engagée depuis une heure environ. Elle eût dû l'être plus tôt, en principe ; mais le général en chef, retardé lui-même par le terrible encombrement, n'arriva qu'à sept heures au Mont-Valérien. Il fit alors donner le signal de l'attaque générale, c'est-à-dire tirer les trois coups de canon convenus. Or, la plus grande partie de l'armée, toujours empêtrée dans la cohue, n'était pas encore réunie sur ses emplacements de combat. D'autre part, le corps de gauche, celui du général Vinoy, avait déjà entamé la lutte et partiellement réussi dans son attaque. Ensuite, arrivèrent successivement les diverses fractions de la colonne Bellemare. Celle-ci avait été préalablement partagée en trois grandes unités tactiques, correspondant à peu près à trois divisions. Aussitôt que l'une d'elles se trouvait au complet, elle partait en avant. Quand, avec la 2e division, le 31e arriva, la 1re était déjà rudement engagée. C'était cette seconde division du corps central qui, englobant l'ancienne brigade du colonel Colonieu tout entière, comptait le régiment du Morbihan dans sa réserve. — Donc, dès que son infanterie est rassemblée près de la ferme de la Fouilleuse, celle-ci s'élance sur la partie nord-est du parc de Buzenval. Des brèches sont pratiquées sur plusieurs points de l'enceinte murée par les sapeurs du génie et elle pénètre dans le parc. En même temps, la première division du corps Bellemare avait réussi à pousser jusqu'au plateau de la Bergerie, mais là, elle se heurtait aussitôt contre les enclos presque contigus de la maison Craon et de la Bergerie transformés en de vraies forteresses par les Allemands. Le 31e, avec toute la réserve de la seconde colonne, s'était arrêté « derrière le premier
« mur formant la limite du bois », c'est-à-dire closant à l'est et au nord-est le parc de Buzenval. « Le régiment passa là

« presque toute la journée, exposé aux obus que l'ennemi
« lançait sur les réserves (1). »

Vers dix heures, le 3e corps, commandé par le général Ducrot, entra en ligne sur la droite. Il pénétra dans la partie occidentale du parc de Buzenval, dont les limites, vers l'ouest, sont constituées par un grand mur qui ferme à l'est les bois de Longboyau et de Saint-Cucufa. Cette enceinte était percée de meurtrières et crénelée. Plusieurs unités l'attaquèrent de front ; d'autres essayèrent de pénétrer dans ces bois par le nord, mais, de ce côté, une maison de garde fortifiée et un grand blockhaus entouré d'abattis et situé en plein fourré en commandaient la lisière. C'est contre ces redoutables défenses et les hauteurs de la Jonchère que s'acharna inutilement le corps du général Ducrot. Celui du centre, commandé par de Bellemare, était arrêté d'un côté par la Bergerie et la maison Craon, et de l'autre ne pouvait dépasser les murs sud du parc de Buzenval. Celui de gauche gardait également les positions conquises, mais ne réussissait pas sensiblement à avancer.

A deux ou trois heures, on tenta un nouvel effort. —
« Sur l'ordre du général Trochu, le régiment du Morbihan
« et le 1er bataillon du 136e entrèrent dans le parc, le
« 1er bataillon du 31e occupant l'extrême gauche. Les trois
« premières compagnies se déploient en tirailleurs, les
« quatre autres furent maintenues en réserve avec un
« bataillon de garde nationale (2) » le long des fossés d'une route qui traverse la partie boisée du parc. « Arrivés au haut
« d'un monticule, les tirailleurs s'arrêtèrent ; ils avaient devant
« eux les tirailleurs du 136e qui faisaient le coup de feu (3). »
Plus de dix régiments étaient alors entassés dans le parc de Buzenval, s'y entremêlant dans un très grand désordre. A vrai dire, cette dangereuse situation devait naturellement résulter d'un plan d'après lequel, sur un champ de bataille de six kilomètres et demi de front, allaient figurer 90.000 com-

---

(1) *Le bataillon de Lorient...* par A. du Bouëtiez de Kerorguen, op. cit.
(2)       id.
(3)       Id.

battants. En somme, on ne gagnait pas un pouce de terrain. On n'en perdait aucun non plus, il est vrai, malgré les renforcements continuels de l'ennemi qui, devant les attaques successives et les arrivées graduelles de nos soldats, pouvait disposer ses forces et prendre ses mesures avec calme et méthode.

Entre trois et quatre heures, nos troupes, épuisées de fatigue par cette lutte incessante, sanglante et infructueuse, précédée d'une nuit presque sans sommeil et d'une marche énervante et pénible, donnaient des marques non équivoques de lassitude ; le feu se ralentissait, l'élan diminuait. Les Allemands se rendant compte de la situation, s'exagérant peut-être encore la dépression morale de nos hommes, y crurent voir un sûr pronostic de défaillance dans nos lignes et de victoire pour les leurs. Ils prirent l'offensive de toutes parts. Au centre, ils attaquèrent le mur sud du parc de Buzenval défendu par plusieurs fractions du corps Bellemare. Quoique soutenus par la garnison de la maison Craon et de la Bergerie, ils durent, une première fois, se replier avec des pertes sensibles. Une heure plus tard, à la nuit tombante, ils recommencèrent une seconde fois et tentèrent, en se faufilant dans l'ombre plus épaisse des fossés, de surprendre les sentinelles de la brigade Colonieu ; mais on les avait aperçus à temps. Un feu terrible les repoussa, les bousculant dans le plus grand désordre et remplissant les tranchées de leurs cadavres. « Cependant, ce retour offensif exécuté avec une
« violence extrême, fit reculer les troupes et notamment les
« tirailleurs du 136e, mais la réserve se portant en avant aux
« cris de — En avant le Morbihan ! — réussit à s'installer
« de nouveau sur le plateau de la Bergerie (1) », derrière le mur sud du parc.

« La crête reconquise, la nuit était arrivée, et l'impossi-
« bilité d'amener de l'artillerie pour constituer un établis-
« sement solide sur les terrains défoncés, arrêta les efforts
« des troupes françaises. — L'on dut donc se borner à se
« maintenir sur les positions conquises. Le régiment reçut

---

(1) *Le bataillon de Lorient...* par A. du Bouëtiez de Kerorguen, op. cit.

« l'ordre de prendre la grand'garde. La situation était péril-
« leuse ; l'on savait que l'ennemi exécutait des mouvements
« de troupes considérables et l'on s'attendait à être attaqué
« d'un instant à l'autre. Les hommes étaient harassés par
« douze heures de lutte et par des marches dans des terrains
« gras et labourés..... Les postes avancés se trouvaient à deux
« cents mètres de l'ennemi, sur une route, sans rien pour
« les protéger, et néanmoins la fatigue était si grande que, là
« comme à Villiers, les sentinelles s'endormaient debout
« pendant que le reste des hommes sommeillaient sur une
« terre boueuse (1). » — L'enchevêtrement des sentinelles
avancées était tel, les petits postes des ennemis si près des
nôtres, qu'un officier français fut enlevé presque au milieu de
son bataillon. — Dans de pareilles conditions d'épuisement
et de désordre, avec l'inévitable encombrement des chemins,
un coup de main résolument tenté dans la nuit par les
Allemands eût pu occasionner une terrible panique générale
et un épouvantable désastre. Tout était bien fini. Le général
Trochu voyait qu'il ne pouvait songer à reprendre la lutte le
lendemain. Il fit donc rentrer toute son armée par échelons
de la gauche à la droite, du sud-est au nord-ouest. Ce mouvement commença dès sept heures du soir. L'artillerie et les
convois s'éloignèrent d'abord. Heureusement qu'il faisait nuit.
Ses ombres couvrirent l'effroyable chaos qui recommença aux
environs du Mont-Valérien, dans cette masse de véhicules
disparates. Vers minuit ou une heure du matin, l'ordre
arriva au régiment du Morbihan « de battre en retraite à son
« tour et de regagner Courbevoie. Là l'on put encore faire
« du feu pour se réchauffer et prendre un peu de nourri-
« ture (2). »

Les pertes du régiment, qui avait assisté plus que coopéré
à cette sanglante bataille, furent insignifiantes. Le 1er bataillon
mentionne 3 blessés, le 2e aucun. Le 5e n'en eut probablement
pas davantage.

Ce fait qui, en toute autre circonstance, eût été fort
heureux, ne dut guère remonter le moral des mobiles du

---

(1) *Le bataillon de Lorient...* par A. du Bouëtiez de Kerorguen, op. cit.
(2) *Le bataillon de Lorient...* par A. du Bouëtiez de Kerorguen, op. cit.

Morbihan. Au contraire, il est probable qu'il rendit leur abattement plus profond encore ; la dernière carte jouée et perdue, l'avait été presque sans leur concours, et tout semblait désormais à peu près fini. Ils ne pouvaient qu'être à l'unisson des autres assiégés, et chez tous, la dépression morale s'annonçait de plus en plus profonde. Dans cette partie de la population où régnaient la presse, les clubs et les journaux avancés, ce fut, après Buzenval, d'abord du désappointement, puis de la fureur. Ces âmes, aigries par les privations de plus en plus cruelles et par la barbarie des ennemis, âmes d'autant plus excitables, confondirent bientôt dans leur méfiance et dans leur aversion le Gouvernement, l'armée et les féroces assiégeants. Dès le lendemain de Buzenval, le 20 janvier, l'émeute commençait à gronder sourdement. D'ailleurs toutes les nouvelles qui arrivèrent après la bataille ne pouvaient qu'augmenter le désespoir et le découragement, qu'embraser en un mot la folie déjà fumante des masses : le 20, annonce officielle de la défaite de Chanzy au Mans ; bruit que le 1er février il n'y aurait plus un grain de blé dans les magasins ; le 21, bombardement furieux de Saint-Denis et de tous les ouvrages qui l'entouraient ; — les obus ennemis s'adressent aussi à la ville elle-même et ont très souvent pour but la vieille basilique royale ; la population de cette ville épouvantée afflue à Paris ; — le 22, incendies de Garches et de Saint-Cloud, allumés — on n'en saurait douter — exprès par les Allemands. Alors on ne parle plus que de sortie en masse, de « sortie torrentielle ». Il faut excuser cette absurde idée, si universellement répandue, en tenant compte de l'exaltation fébrile et presque morbide des cerveaux. Aussi, le dimanche 22 janvier, de grand matin et bien avant le jour, la populace des faubourgs se rua sur Mazas, força les portes de la prison et en tira l'agitateur Flourens avec quelques autres énergumènes qui s'y trouvaient incarcérés. Le Gouvernement éperdu, rudement semoncé, d'un côté, par Gambetta pour l'insuccès de ses sorties, de l'autre, effrayé par les violences et l'hostilité de la multitude, crut utile et politique de jeter quelque chose en pâture aux masses rouges. Le général Trochu était fort impopulaire par suite de ses continuels revers, malgré sa souplesse et ses égards pour les meneurs séditieux comme pour cette opinion prétendue publique qu'ils dirigeaient. On le révoqua comme gouverneur militaire, tout en le laissant présider le conseil du Gouvernement. Le commandement en chef passa dès lors au général Vinoy, qui n'accepta ce poste si lourd et si grevé que par dévouement et sur les instances réitérées du général Le Flô, ministre de la guerre.

Révocation et nomination avaient eu lieu dans la matinée du 22 janvier. L'après-midi, l'émeute, qui menaçait depuis deux jours, éclata. A une heure, s'amoncèle devant l'Hôtel de Ville une masse hurlante, qui se composait, en grande partie, de gardes nationaux armés. Au milieu d'eux, Flourens en uniforme et plusieurs autres. Bientôt, une députation quelconque, escortée de trois officiers de mobiles, un colonel, un chef de bataillon et un capitaine adjudant-major, sortit du palais municipal. Des coups de feu partirent de la foule; le capitaine adjudant-major tombe mort, criblé de balles. A cette vue, les mobiles du Finistère, qui gardaient le monument, ouvrirent par les fenêtres un feu terrible sur les agresseurs; plusieurs gardes nationaux furent frappés. Toute la multitude ameutée s'enfuit en un clin d'œil. Cependant, le général Vinoy n'avait pas attendu ce moment pour agir. Ayant été de bonne heure au fait de la situation, il avait appelé dans Paris deux divisions, dont l'ancienne division Bellemare. Avec elle, le régiment du Morbihan prit les armes. Il « ne fit que « venir sur les Champs-Élysées et ne tarda pas à rentrer à « Courbevoie (1). » L'échauffourée avait rapidement pris fin. Après la déroute générale de la foule, quelques bandes d'émeutiers s'étaient retranchées dans des maisons avoisinant l'Hôtel de Ville, tirant des coups de feu, lançant des grenades explosives. Mais plusieurs bataillons de gardes nationaux fidèles au parti de l'ordre, ceux des mobiles du Finistère qui se tenaient dans les environs, et toute une division d'infanterie accouraient sur les lieux. En une demi-heure, les insurgés chassés de partout laissaient derrière eux vingt-sept tués et blessés, dont un chef de bataillon de la garde nationale « récemment destitué » (2) et des prisonniers, dont le fameux capitaine Serizier.

(1) *Le bataillon de Lorient....* par A. du Bouëtiez de Kerorguen, op. cit.
(2) *L'armistice et la commune*, par le Général Vinoy.

Le régiment du Morbihan, après une demi-journée environ passée aux Champs-Élysées, rentra donc dans ses quartiers de Courbevoie. Son chef, le lieutenant-colonel du Hanlay, continua ses efforts pour faire de ses trois bataillons un vrai corps de troupe de ligne, y maintenir la discipline intacte au milieu de cette atmosphère démoralisante et des privations qui grandissaient. Propreté des locaux occupés, propreté corporelle des hommes, mise en état de l'équipement et de l'armement, exercices, tout cela servit à occuper les gardes mobiles, à ne pas les laisser oisifs et à les bien avoir en main.

Malheureusement, ces dispositions, nécessaires assurément pour sauvegarder l'ordre et la discipline et pour conserver au 31e son merveilleux acquit militaire, allaient bientôt se trouver sans objet immédiat. Le lundi 23 janvier, lendemain même de l'échauffourée, Jules Favre recevait mandat de négocier un armistice avec les Allemands et de conclure la capitulation de Paris. Impossible de tergiverser ou de retarder davantage : la famine la plus hideuse arrivait à grands pas.

Le surlendemain, mercredi 25 janvier, le général Vinoy, voulant rétablir de l'ordre dans la distribution générale des troupes, les renvoya dans les régions qu'elles occupaient avant l'expédition de Buzenval. D'ailleurs, il estimait peut-être sage d'avoir l'ancienne 2e armée dans les environs des faubourgs tumultueux de l'est. Néanmoins, comme l'armistice et la capitulation étaient à peu près conclus, que probablement les forts seraient livrés à l'ennemi, il ordonna de rapprocher les troupes de l'enceinte. C'est pour cela que, le 25 janvier, le régiment du Morbihan quitta Courbevoie pour l'agglomération suburbaine des Lilas, aux environs de Belleville et de La Villette. Le premier jour que le 31e passa en ce lieu, c'est-à-dire le 26, les conditions de l'armistice et la reddition furent conclues en principe et, en retour, la suspension d'armes accordée. Elle commença au moment précis où le 26 janvier finissait et où le 27 commençait, c'est-à-dire à minuit juste. Un de nos forts tira un dernier coup de canon pour en ponctuer la minute exacte, puis tout se tut définitivement. Il y avait, à quelques heures près, un mois exactement que nos Morbihannais entendaient ce grondement d'une façon continuelle jour et nuit et plusieurs fois par minute. Tous autres que des soldats épuisés par de longues fatigues et des privations toujours croissantes se fussent réveillés sous ce silence tout nouveau, mais il n'est guère probable que des hommes si las et si anémiés s'en soient aperçus avant le lendemain.

Le 27, l'armistice et la convention de désarmement étaient signés dans l'après-midi à Versailles. Le samedi 28 janvier, en même temps que le lieutenant-colonel du Hanlay, avec tous les autres chefs de corps, se trouvait au ministère de la guerre pour entendre les communications du Gouvernement, on lisait aux hommes la proclamation suivante parue au *Journal officiel* de la veille :

« Tant que le Gouvernement a pu compter sur l'arrivée
« d'une armée de secours, il était de son devoir de ne rien
« négliger pour prolonger la défense de Paris. En ce moment,
« quoique nos armées soient encore debout, les chances de
« la guerre les ont refoulées, l'une sous les murs de Lille,
« l'autre au delà de Laval ; la troisième opère sur les
« frontières de l'Est. Nous avons, dès lors, perdu tout espoir
« qu'elles puissent se rapprocher de nous, et l'état de nos
« munitions ne nous permet plus d'attendre.

« Dans cette situation, le Gouvernement avait le devoir
« absolu de négocier. Les négociations ont lieu en ce moment.
« Tout le monde comprendra que nous ne pouvons en
« indiquer les détails sans de graves inconvénients. Nous
« espérons pouvoir les publier demain. Nous pouvons
« cependant dire dès aujourd'hui : que le principe de la
« souveraineté nationale sera sauvegardé par la réunion
« immédiate d'une Assemblée ; que, pendant l'armistice,
« l'armée allemande occupera les forts, mais n'entrera pas
« dans l'enceinte de Paris ; que nous conserverons notre garde
« nationale intacte et une division de l'armée, et qu'aucun
« de nos soldats ne sera emmené hors du territoire (1). »

(1) *Histoire générale de la guerre franco-allemande*, par le lieutenant-colonel Rousset.

Cette proclamation fut accueillie partout avec une vive et profonde douleur : tant de souffrances et de sang inutiles ! Le jour même, 28 janvier, les mobiles du Morbihan allèrent encore une fois monter la grand'garde à Bobigny. Ils y passèrent la nuit, et le lendemain 29, dans l'après-midi, en repartirent. C'était, ce devait être pour l'immense majorité le dernier service armé. Le 30, les Allemands pénétraient dans les forts. Ils n'avaient pu en conquérir un seul de haute lutte. Le soir même, les trois bataillons rentraient dans Paris et reprenaient possession de leurs anciens baraquements des boulevards extérieurs.

※

**L'armistice**   Il semble bien que les nouveaux cantonnements des 2e et 5e bataillons furent identiquement ceux où ils avaient séjourné du 23 septembre au 10 octobre. Le 1er bataillon, qui n'en avait jamais eu, fut vraisemblablement installé dans les baraquements voisins. En effet, aux yeux des autorités supérieures, il n'y avait plus qu'une seule et fondamentale unité pour les mobiles du Morbihan, le 31e régiment.

La capitulation stipulait que l'armée régulière livrerait tout entière ses armes, sauf une forte division de 12.000 hommes et un corps de 3.500 gendarmes. Mais les braves gens qui avaient supporté tout le poids du siège et tant souffert pourraient se consoler en voyant la garde nationale conserver ses armes. Il leur allait être donné de contempler encore dans les rues et sur les véhicules publics beaucoup de ces hommes en képi, ayant « remplacé leurs cannes par des « fusils, engins désagréables à porter (1). » Mais Jules Favre

---

(1) Lettre du colonel de Camas, déjà citée.

et les membres civils du gouvernement de la défense s'estimaient fort habiles d'avoir réussi à obtenir cette concession — peut-être perfide — des Allemands.

Nous ignorons la date exacte et les circonstances du désarmement pour le 31ᵉ mobiles. Nous savons cependant qu'il eut lieu dans la première quinzaine de février, car, dans Paris, il était complètement achevé le 19. « Alors, — dit le capitaine « du Bouëticz de Kerorguen, — tout le monde, officiers et « soldats, tout en éprouvant un profond sentiment de tristesse « en songeant que leurs efforts ont été perdus, oublient un « moment le deuil national à la pensée qu'ils vont pouvoir « enfin communiquer avec leurs familles dont ils ont été « séparés depuis si longtemps. »

Ils sortaient enfin de ce lourd cauchemar qu'avait été le siège, pendant lequel aucun bruit extérieur, aucune nouvelle, si ce n'est de rares dépêches apportées par pigeons voyageurs et pleines de racontars incertains ou faux, n'arrivaient jusqu'à eux. En ce qui concernait leurs familles, ce silence avait été plus profond et plus angoissant encore. Aucun d'eux ne savait ce qu'étaient devenus les siens pendant ce tiers d'une année, où en étaient ses propriétés et ses intérêts. Cette lamentable issue d'une laborieuse campagne de quatre mois et demi, présentait donc à tous les mobiles de province l'inappréciable compensation de les faire revivre, au moins de loin, avec leur pays et les êtres qui leur étaient particulièrement chers. En possession de ce réconfort, ils attendaient avec fatalisme la fin des privations auxquelles ils étaient toujours soumis et la conjuration de l'effroyable disette qui arrivait, si on ne parvenait à la gagner de vitesse. Tous ceux qui y pouvaient quelque chose s'y employaient avec la plus grande ardeur. Ingénieurs et ouvriers travaillaient nuit et jour sans désemparer à rétablir les ponts et ouvrages d'art détruits, ainsi que les voies ferrées coupées ou détournées par les Allemands. Le Ministre du Commerce s'était porté à Dieppe pour encourager et diriger le chargement des convois venus d'outre-Manche et leur mise en route sur Paris. Enfin l'activité générale fut telle que l'après-midi du samedi 4 février, un train de marchandises pénétrait dans la gare du Nord à Paris, tout chargé d'un magnifique cadeau de denrées comestibles envoyé par la ville de Londres. Il faut noter ici en passant que la Grande-Bretagne se montra d'une générosité sans égale pour secourir les affamés et autres victimes du siège. L'arrivée de ce convoi fut un véritable événement : c'était le premier qui, depuis le 17 septembre, eût franchi l'enceinte de Paris, cité pourtant si commerçante et si industrielle.

Nous ne possédons pas de détails sur la vie du 31ᵉ mobiles dans ses baraquements de Belleville et de La Villette. C'est à ce moment, le 30 janvier, que le commandant Buriel, chef du 2ᵉ bataillon, remit à qui de droit l'historique de cette unité rédigé par son capitaine adjudant-major Auguste Roques.

Ce petit travail se termine ainsi : « A la suite du combat
« livré le 30 novembre, le commandant Buriel a cité les
« capitaines Roques, adjudant-major, Saulnier, Dupaquet et
« Georges Cadoudal qui, avec son concours énergique, sont
« parvenus à rallier leurs hommes sous le feu de l'ennemi.
« Une croix d'honneur, dont le titulaire est M. le capitaine
« Hémelot, et cinq médailles conférées aux sous-officiers et
« soldats sont les seules récompenses données au bataillon.
« M. Henri Cadoudal, ex-capitaine à la 6ᵉ compagnie et qui
« n'avait pas été réélu aux élections du 19 septembre dernier,
« a été décoré de la Légion d'honneur au titre du Morbihan.
« En résumé, le bataillon a tenu la campagne du 15 septembre
« 1870 au 30 janvier 1871, soit 137 jours, pendant lesquels
« il a assisté aux combats des 30 novembre, 2 décembre,
« 21 décembre et 19 janvier. Il a perdu dans ces diverses
« opérations, par le feu de l'ennemi, 33 hommes, dont 4 tués
« et 29 blessés. Le 2ᵉ bataillon du Morbihan, en regrettant
« de n'avoir pas eu l'occasion de se signaler par des actions
« d'éclat, croit avoir montré dans le cours de cette glorieuse
« campagne, sinon une fermeté qu'on ne peut demander
« qu'à de vieilles troupes, du moins un patriotisme et une
« ardeur qu'on est toujours en droit d'attendre des enfants
« de la terre de Bretagne dont la devise reste la même : *Pro*
« *Deo et patriâ*. Il saura s'en souvenir quand l'heure de la
« revanche aura sonné.
« Paris, 30 janvier 1871.

Signé : Auguste ROQUES,
*Capitaine Adjudant-Major.*

(D'une autre écriture) « chargé de l'historique du bataillon ».

*Le Chef de bataillon,*

Signé : BURIEL. » (1)

De son côté, le lieutenant-colonel du Hanlay faisait tous ses efforts pour assujettir son régiment à une vie aussi réglée et ordonnée que celle d'une caserne en temps de paix. Les permissions étaient nécessairement fort rares. Il importait beaucoup, en effet, d'éviter autant que possible les frottements avec les gardes nationaux et la population des environs. Ceux des faubourgs de Belleville, Charonne, La Villette dénotaient un état d'effervescence assez alarmant. La poussée révolutionnaire y était telle que les pessimistes, ou plutôt, hélas ! les clairvoyants eussent distingué dans ces quartiers les pronostics d'une mentalité nettement insurrectionnelle. On cherchait même à embaucher les soldats, et ceux que leurs chefs ne maintenaient pas toujours en haleine par des occupations constantes, un tableau de service suffisamment chargé, avec une discipline stricte et sévère, erraient en proie à une pernicieuse oisiveté dans les cabarets où les meneurs anarchistes les circonvenaient et les attiraient vers le parti du désordre. Tel ne fut pas le cas des mobiles du Morbihan, grâce au lieutenant-colonel du Hanlay et à ses officiers. Ils se montrèrent peut-être plus sévères à cette époque que pendant la vie rude, excédante même, mais active des jours du bombardement, où le milieu moral et militaire était incomparablement meilleur.

Malheureusement, à cette époque la politique ne perdait jamais ses droits. Le nouveau régime n'avait pu se résoudre à ne voir dans le garde mobile simplement qu'un soldat ; il le voulait un soldat citoyen et le considérait comme tel. C'est à ce titre que le 31e fut invité à prendre part aux élections de l'Assemblée nationale. On y procédait fiévreusement dans la France entière. L'armistice, dont la durée se restreignait

(1) *Archives historiques de la guerre.*

à 21 jours, avait pour but réel et avoué de les permettre, afin que les représentants ainsi élus ratifiassent les préliminaires de paix arrêtés entre le gouvernement de la défense nationale et les Allemands. Les communications entre Paris et le Morbihan n'étaient pas encore complètement rétablies, et on ignorait au 31e les noms des candidats du département.

Toutefois, parmi les officiers et les sous-officiers du régiment, plusieurs connaissaient assez le Morbihan et s'étaient assez tenus au courant de la politique et des faits extérieurs pour composer une liste. Une première parut donc au 31e :

### Élections du 8 Février 1871

### DÉPARTEMENT DU MORBIHAN

1. DE LA MONNERAYE (Charles), ancien député, membre du Conseil général.
2. DE KERDREL (Vincent), ancien représentant du peuple.
3. MAURICET (Jean-Joseph), docteur en médecine, membre du Conseil général.
4. FRESNEAU (Armand), propriétaire à Kermadio.
5. DE PERRIEN (Paul), membre du Conseil général.
6. OUIZILLE (Auguste), banquier à Lorient, membre du Conseil général.
7. DUPUY, substitut du procureur de la République, sergent au 1er bataillon du Morbihan.
8. GÉNÉRAL TROCHU (Louis-Jules), président du Gouvernement de la Défense nationale.
9. DE LA BOURDONNAYE (Henri), maire de Grandchamp, membre du Conseil général.
10. DE CHARETTE (Athanase), général dans l'armée de la Loire.
11. DE KERCADO père, ancien député, membre du Conseil général.
12. BEAUVAIS, ancien représentant du peuple, avocat à Lorient.
13. LALLEMENT, ancien maire de Vannes, membre du Conseil général.

14. Peuchant, maire de Guémené, ancien membre du Conseil général.
15. Langlier, colonel d'artillerie, membre du Conseil général.
16. de la Marzelle (Napoléon), adjoint au maire de Sarzeau.

Paris. — Imp. A. Pougin.

Mais, dans nos idées modernes, il n'y a pas de gouvernement vraiment libéral sans opposition, de candidats sérieux et librement élus sans des concurrents, de même qu'il n'y a pas de vainqueurs sans lutte et sans vaincus. Les idées libérales et parlementaires, alors assez en vogue, voulaient sur le terrain politique deux camps ou deux équipes dont l'émulation constante, pour détenir et bien mener le pouvoir, ne pouvait que profiter à la chose publique. Conformément à ces principes, une seconde liste devait paraître au 31e. En effet, elle parut :

## ASSOCIATION DÉMOCRATIQUE DU MORBIHAN

### ASSEMBLÉE NATIONALE

Vote du 8 Février 1871

*Candidats recommandés au choix des électeurs*

Beauvais, avocat à Lorient.
Caradec, président du Tribunal civil de Vannes.
Ouizille, banquier à Lorient.
Mauricet (le père), médecin à Vannes.
Général Trochu.
Dupuy, sergent au 1er bataillon de la mobile du Morbihan.
Jules Simon, membre du Gouvernement provisoire.
de la Monneraye, ancien député.
Ad. Hémelot, capitaine au 2e bataillon de la mobile du Morbihan.
Burgault, avoué à Vannes.
Le Pennec, capitaine au 5e bataillon de la mobile du Morbihan.

Villers, docteur-médecin à Lorient.
Le Toullec, maire de Saint-Pierre-Quiberon.
Fleury, avoué à Vannes.

Paris.— Imp. Lefebvre. Pass. du Caire, 87-89.

C'était un amusement un peu enfantin plutôt qu'un vote sérieux, car il n'est pas certain que les suffrages émis par le 31e aient pu être envoyés à temps dans le Morbihan et aient été dépouillés avec les autres. Toutes les opérations se faisaient le plus vite possible, vu l'urgence. Elles furent pourtant encore trop lentes, car l'Assemblée nationale ainsi élue ne put se réunir à Bordeaux que le 13 février. Or l'armistice expirait le 18. La discussion et l'acceptation des articles préliminaires du traité de paix continuaient encore à cette date. Force fut donc de demander aux Allemands une prolongation. Ils prétendirent d'abord ne l'accorder que moyennant la cession de Belfort. M. Thiers sut heureusement les détourner de cette nouvelle et exorbitante demande, mais il lui fallut leur permettre de faire entrer dans Paris certaines fractions de l'armée assiégeante. Cette occupation devait durer tant que l'Assemblée nationale n'aurait pas ratifié le traité de paix. Mais on la restreignait à quelques quartiers de l'ouest, sur la rive droite de la Seine. Malgré ces tempéraments, pareille satisfaction de l'orgueil germanique pouvait amener de grosses complications, si grande était alors l'effervescence des passions populaires à Paris. Le général Vinoy, fort inquiet de ce côté, prit ses dispositions pour interposer un épais tampon de troupes entre les vainqueurs et le peuple de la capitale et pour mettre la Seine elle-même entre les ennemis et ses militaires désarmés.

C'est pour cela que le mardi 28 février, le régiment du Morbihan quitta ses baraquements de Belleville et de La Villette sur la rive droite pour le quartier des Invalides sur la rive gauche. Le départ fut assez subit. Plusieurs gardes mobiles le manquèrent ; ce qui montre la facilité avec laquelle le relâchement de la discipline se serait glissé dans les rangs si les chefs n'y avaient soigneusement veillé. Quinze jours de prison furent infligés aux délinquants.

Ce jour-là, des tentes dressées derrière les Invalides, sur

la place Vauban et les avenues convergentes, attendaient le 31e. Les capitaines y installèrent leurs hommes à raison d'une escouade avec un caporal par tente. Le lendemain, 1er mars, les Allemands entrèrent dans Paris, leur avant-garde le matin, le gros du corps d'occupation l'après-midi. Mais leur séjour ne pouvait qu'être fort rapide, car on apprenait à cette heure même que l'Assemblée nationale avait ratifié les préliminaires de paix.

Cependant le général ennemi, se basant sur un accord verbal, émit la prétention que ses troupes occupassent, le lendemain, le palais du Louvre et l'hôtel des Invalides. C'était plus dangereux encore qu'humiliant. Le gouverneur de Paris discuta. Il obtint, non sans peine, que le vainqueur renonçât à l'hôtel des Invalides, situé sur la rive gauche ; mais il dut céder pour le Louvre, moyennant toutefois que les soldats des assiégeants y entrassent sans armes et par peloton. Cette visite eut lieu le lendemain jeudi, 2 mars, mais elle menaça de tourner mal. La foule grondait dans les environs. Des officiers allemands ayant paru aux fenêtres, elle les interpella et leur adressa des clameurs plus ou moins injurieuses. Quelques-uns leur jetèrent des sous, criant : — « Voici le commencement des cinq milliards ! » — Heureusement que dans l'après-midi arriva l'ordre d'évacuation, et le lendemain à onze heures du matin, il n'y avait plus un seul Allemand dans Paris. Les dernières chinoiseries et formalités inventées par les ennemis pour prolonger leur occupation de quelques heures étant remplies, le traité de paix revêtait dès lors un caractère officiel.

Pendant le temps de cette courte et triste occupation, le gouverneur avait pris des dispositions sérieuses pour confiner les troupes sur la rive gauche de la Seine et restreindre les points de contact possibles avec la zone livrée aux vainqueurs. La manutention se trouvant sur la rive droite, il n'y eut que deux ponts d'ouverts pour le passage des divers convois et des fourgons : ceux de l'Alma et d'Iéna. Au 31e, le commandement supérieur veillait de plus en plus au maintien de l'ordre dans le régiment et redoublait de précautions contre le laisser aller et la nonchalance. Cependant, jusqu'au dernier des simples gardes, tous savaient la paix et le licenciement imminents. Malgré cela, les appels continuaient avec l'apparat ordinaire, celui de midi restant toujours le plus solennel. Chaque jour, à huit heures et demie du matin, inspection sévère ; le chef de corps voulait une tenue irréprochable. L'intérieur des tentes était auparavant nettoyé, bien mis en ordre. Tout le monde devait être rentré à huit heures du soir et, à partir de ce moment, tout tapage était formellement interdit. Mais les sous-officiers avaient pris l'habitude de ne pas coucher au camp. Du Hanlay s'en aperçut et attaqua vigoureusement cet abus, prescrivant aux adjudants-majors d'organiser de fréquents contre-appels pour s'assurer de la présence des sous-officiers sous leur tente. — Quant aux occupations des hommes, elles ne pouvaient changer : lavages, raccommodages, soins de propreté, nettoyage des effets, des tentes et de leurs abords. — Le 4 mars, les soldats du 31e apprenaient à la lecture du rapport qu'une note du général en chef, gouverneur de Paris, annonçait le licenciement comme pouvant avoir lieu d'un moment à l'autre. Aussitôt, on s'occupa sans délai à mettre les contrôles à jour. Cantines d'ambulance, cantines de compagnies, effets de campement provenant des hommes aux hôpitaux furent versés les 4 et 5 mars par les soins de l'officier d'habillement. Les fusils qui avaient échappé au désarmement et les effets d'habillement qui se trouvaient encore au magasin, le furent par les soins de l'officier d'armement. Le colonel fit demander par l'entremise du trésorier-payeur, s'il n'y avait pas lieu d'établir des feuilles de route pour les hommes qui seraient étrangers à la Bretagne. Bref, les chefs de bataillon prirent aussitôt les dispositions nécessaires pour que le mouvement eût lieu avec régularité et sans à-coups, aussitôt l'ordre de départ arrivé. Le commandant Patissier y montra son zèle habituel. Il était revenu depuis plusieurs jours, à peu près guéri. On ne saurait pourtant être taxé d'exagération et d'hypothèse gratuite si on affirme qu'il avait dû quitter l'hôpital le plus tôt possible, sans chercher à parfaire sa convalescence. Il avait repris avec empressement son poste, simple chef de bataillon comme lorsqu'il était entré au corps. Les distinctions accordées pour la guerre avaient passé à côté de lui ; il n'en avait demandé et obtenu que pour ses subordonnés. Sous ce rapport, personne n'eût pu le plaindre et il s'estimait pleinement récompensé, mais, s'étant modestement effacé, comme en beaucoup d'autres circonstances, les événements avaient suivi leur cours habituel ici-bas, et il avait été oublié.

Le vendredi 3 mars fut une date assez importante, car on peut fixer à ce jour une première dislocation du 31e qui, dès ce moment, redevenait pratiquement l'ensemble presque acéphale des trois bataillons du Morbihan. Les officiers furent tous convoqués à midi et demi chez le lieutenant-colonel du Hanlay, pour recevoir ses dernières instructions et, semble-t-il aussi, ses adieux.

Dès le 6 mars, le départ des mobiles commença ; mais vu l'état des voies ferrées et vu l'occupation allemande, qui diminuait mais se maintenait toujours çà et là, on ne pouvait renvoyer tous les bataillons départementaux d'un seul coup. On procéda peu à peu, jour par jour, à leur libération et à leur renvoi, en commençant par les plus voisins de Paris. Les mobiles de la Seine avaient été licenciés le 4 ou le 5 mars, donnant jusqu'à la fin de nombreuses marques d'insubordination et d'indiscipline. D'autres les imitèrent, se plaignant de ce qu'on les retenait trop longtemps sous les drapeaux.

L'oisiveté favorise tous les vices, dit le proverbe. Il fallait alors se garder contre les rapines. Au rapport du 7 mars, il fut recommandé aux hommes du 31e de bien rentrer le soir dans les tentes les effets de quelque nature qu'ils fussent pour éviter les vols commis soit par des civils, soit par des militaires d'autres unités. En un mot, l'esprit de révolte qui s'étendait d'une façon continue dans tout Paris gagnait des milieux jusqu'alors conservés indemnes. Le régiment du Morbihan, comme les autres des régions occidentales de la France, ne se laissa pas entamer. Les du Hanlay, les Patissier, tous les cadres, maintenaient avec vigueur l'ordre et les bonnes traditions. Les hommes n'avaient, il est vrai, plus grand'chose à faire. Pour les officiers et les gradés comptables, au contraire, les écritures ne manquaient pas.

Voici donc le régiment du Morbihan redevenu un ensemble à peu près purement idéal de trois bataillons autonomes. Le colonel Tillet restait indisponible ; le lieutenant-colonel du Hanlay s'était effacé ; on en revenait par la force des choses à la vieille décentralisation qui faisait des chefs de bataillon des chefs de corps. Le jeudi 9 mars, on donnait comme fort probable que le 5ᵉ bataillon partirait le mardi 14. La solde devait être assurée pour cette unité jusqu'au 15. Le rapport de ce jour, dicté par le commandant Patissier, proposa aux hommes du 5ᵉ étrangers à la Bretagne, de faire le voyage avec leurs camarades jusqu'à Vannes. Voici pourquoi : les chemins de fer de l'Est, du Midi et du Nord étaient encore en possession des Allemands « qui ne donnent pas le quart « de place. » Mais ces lignes ne devaient pas tarder à être complètement libres. Si donc ces soldats accompagnaient leur bataillon jusqu'à sa destination, on pourrait à Vannes leur donner une feuille de route au quart de place qui serait valable jusqu'à leur domicile. Cette manière de procéder ne leur occasionnerait qu'un retard de 48 heures (1).

Une note touchante se fit alors entendre dans les phrases généralement brèves et sèches du rapport journalier. Elle venait du lieutenant Penhouët, qui se trouvait à l'hôpital du Val-de-Grâce, et qui demandait à voir ses camarades, peu occupés à ce moment. Il est probable que le commandant Patissier était allé, le premier, prendre de ses nouvelles et lui faire visite, car cet homme qui comprenait de si haute façon ses devoirs et ses responsabilités de chef militaire, n'oubliait ni ses malades ni ses blessés. Il dut rapporter avec lui ce vœu, cette prière de son officier hospitalisé et la transmettre à tous par la voie du rapport, sûr que cette publicité de famille ferait plaisir à l'un comme aux autres. D'ailleurs ce jeune homme de 32 ou 33 ans, souffrant depuis plus de quatre mois des suites de sa blessure, méritait bien d'avoir cette douce satisfaction et de recevoir ces témoignages d'estime, d'affection et de camaraderie. Déjà il était marqué pour être une des victimes futures de cette terrible guerre, comme il y en eut tant, qui périrent obscurément, privés de la gloire du champ de bataille qu'ils avaient méritée comme les frères d'armes tombés sur place.

Le jour du départ approchait. Le samedi 11 mars, les capitaines du 5ᵉ bataillon passaient la revue de leurs compagnies.

(1) Cahier de rapports du 5ᵉ bataillon.

Le lendemain 12, le 1er bataillon, comme aux jours de combat, s'ébranla le premier et partit pour Lorient. Le lundi 13, les commandants Patissier et Buriel inspectèrent leurs bataillons. Ce fut une journée sans doute assez joyeuse, mais pleine et agitée. On toucha le matin trois jours de vivres, puis les cuisiniers s'empressant autour de leurs fours de campagne, firent cuire toute la viande reçue ; les hommes se procurèrent, dans les environs, des bouteilles pour y mettre de l'eau. Les officiers, se conformant aux instructions des rapports, préparèrent leurs bagages, qui devaient seulement contenir les objets réglementaires.

Enfin parut le mardi 14 mars, dernier jour de cette campagne triste et glorieuse pour le régiment du Morbihan. Les hommes se mirent en capote avec leurs vestes roulées en porte-manteau sur leurs sacs. Vers onze heures, après avoir mangé la soupe, ils partirent en colonne par le flanc, marchant comme de vrais vétérans. Leurs chefs le leur avaient bien recommandé : « Par votre conduite et votre allure, montrez « que vous pouvez marcher de pair avec les vieux troupiers (1). » Éloge bien juste et stimulant puissant à la fois !

Et le défilé suprême, correct, bien ordonné de ces jeunes paysans devenus, on peut le dire, en six mois, des militaires accomplis, était éloquent au milieu de la ville de Paris, alors encombrée d'une lie de soldatesque dévoyée, de gardes nationaux émeutiers, traînant des uniformes disparates et délabrés de cabarets en cabarets. On était à la veille de la Commune.

Le train devait partir à midi cinquante de la gare Montparnasse. On ne saurait affirmer qu'il fut très exact. En tout cas, le séjour en wagon dura plus de vingt-trois heures. Il ne pouvait d'ailleurs en être autrement sur une voie récemment et hâtivement réparée, et de plus passablement encombrée.

---

(1) Cahier de rapports du 5e bataillon.

**Licenciement du 31ᵉ**

Le mercredi 15, une foule nombreuse commença dès l'aube à se former et à s'accumuler autour de la gare de Vannes. On attendait, pour sept heures du matin, le train qui amenait les 2ᵉ et 5ᵉ bataillons. Amis, parents accouraient et se rassemblaient pour voir les êtres chers et les connaissances qui avaient eu tant à souffrir dans ce siège, dont la voix publique et la pénombre historique, due à la difficulté des communications, avaient encore exagéré les souffrances et les drames. Tous venaient donner une marque d'affection ou au moins de sympathie à ces enfants du pays qui avaient dignement représenté la ville de Vannes et son arrondissement dans cette triste et terrible guerre. Mais à sept heures, — rien. Plusieurs trains passent ensuite ; aucun ne contenait le détachement attendu. Enfin, à onze heures et demie, le convoi qui amenait le 5ᵉ bataillon entra en gare de Vannes.

Le *Journal de Vannes* rend ainsi compte de l'impression généralement produite :

« Officiers et mobiles avaient véritablement un très bel air
« militaire en se rendant de la gare à la place Napoléon
« (aujourd'hui place de l'Hôtel-de-Ville), d'où les diverses
« compagnies ont pris la route de leurs cantons respectifs.
« Ils sont rentrés après avoir supporté les fatigues, les
« dangers de ce mémorable siège de Paris ; et, s'ils ne
« reviennent pas victorieux, hélas ! dans notre vieille et
« patriotique province de Bretagne, ils y reparaissent du
« moins avec la conscience d'avoir rempli leurs devoirs de
« citoyens (1). »

Ils ne se séparèrent pas sans avoir auparavant entendu les

---
(1) *Journal de Vannes*, Nᵒ du 18 mars 1871.

adieux vraiment émus, nobles et touchants de leur chef, qui les harangua pour la dernière fois :

« Officiers, sous-officiers, caporaux et gardes du 5ᵉ bataillon
« du Morbihan.

« Le moment de la séparation est arrivé !

« On ne se quitte pas sans un serrement de cœur, surtout
« quand on a vécu ensemble pendant six mois, partageant
« les mêmes fatigues, les mêmes dangers.

« Aujourd'hui, je ne vous demande qu'une chose : votre
« estime. Ce sera pour moi le plus beau titre attaché à mon
« commandement.

« Quand je vous disais, au départ, que sans discipline, sans
« bonne administration, l'armée n'était pas possible, vous
« avez vu par vous-mêmes si je disais la vérité !

« Vous allez rentrer dans vos familles et reprendre vos
« travaux. Pensez souvent à vos chefs qui, j'en suis persuadé,
« resteront toujours fiers et heureux de vous avoir commandés.

« La France traverse actuellement une crise affreuse.
« Espérons qu'elle se relèvera et demeurera toujours la grande
« nation, et, si elle a encore besoin de ses enfants, les
« Bretons se rallieront de nouveau au cri de « Vive la
« France ! (1) »

Ce jour fut sans contredit, pour tous ou presque tous, un grand jour de joie. Mais quand, peu de temps après, éclatèrent les événements du 19 mars, la proclamation insurrectionnelle de la Commune suivis par la guerre civile, beaucoup s'attendaient à repartir sous les drapeaux. Le capitaine du Bouëtiez de Kerorguen, qui rédigea vers ce moment sa notice sur *Le bataillon de Lorient pendant le siège de Paris*, paraît l'avoir écrite avec cette préoccupation — « Je termine
« ce récit forcément incomplet, — dit-il en finissant, —
« heureux si ces quelques pages écrites à la hâte peuvent être
« les dernières sur le 1ᵉʳ bataillon ! Puissent les passions
« s'apaiser et la guerre civile, plus hideuse encore que la
« guerre étrangère, ne pas nous remettre les armes à la

---

(1) Cahier de rapports du 5ᵉ bataillon.

« main ! La guerre aura eu ce bon côté de rapprocher bien
« des hommes que des préjugés écartaient les uns des autres !
« Puissent les idées de concorde triompher des haines de
» classes et de partis, et permettre à notre malheureux pays
« de panser ses plaies et de reprendre un jour sa place à la
« tête des nations civilisées ! »

Non, les mobiles restèrent chez eux ; on n'eut pas à réclamer leurs services, comme on y songea peut-être un moment, tout d'abord. Le régiment du Morbihan, le 31ᵉ mobiles avait bien été définitivement licencié.

Cependant, à la fin de l'année, une cérémonie militaire vint faire un instant revivre le 5ᵉ bataillon. C'était le dimanche 26 novembre. Il s'agissait de célébrer la remise solennelle de décorations à deux anciens officiers du régiment : la croix de commandeur de la Légion d'honneur au colonel de Camas, « ex-commandant de brigade », et celle de chevalier à M. Ernest de Lamarzelle, capitaine dans la garde mobile du Morbihan, bataillon de Vannes, compagnie de La Roche-Bernard. Là s'étaient donné rendez-vous presque tous les officiers du 5ᵉ bataillon et beaucoup du 2ᵉ, convoqués tous à cette fête militaire qui commémorait leur régiment et leur campagne. On remarqua le commandant Patissier, les capitaines Bassac, de Francheville, les lieutenants Peyron, Devier, l'adjudant Jaquolot, tous officiers ou sous-officiers du « régiment du Morbihan qui a pris part aux batailles de « Champigny et de Buzenval ainsi qu'aux affaires de la « Malmaison et du Bourget (1) ». Il y eut sur la place du Morbihan revue solennelle — par le général Martenot de Cordoue, commandant la subdivision — de la garnison de Vannes : deux bataillons du 25ᵉ de ligne. Après quoi, allocution appropriée du général qui rappela les services des nouveaux décorés et leurs « preuves de patriotisme dans un « moment de suprême danger pour la France (2) ». Ensuite, il procéda aux cérémonies habituelles et donna l'accolade aux héros de la fête qui représentaient, par delà leurs propres personnalités, le 5ᵉ bataillon et le régiment entier du Morbihan.

(1) *Journal de Vannes*, Nº du samedi 2 décembre 1871.
(2) *Journal de Vannes*, Nº du samedi 2 décembre 1871.

Bientôt, le temps soufflant l'oubli dans les âmes, vint relâcher peu à peu les liens moraux du régiment. La mort se mit à moissonner sans relâche et secrètement beaucoup de ceux qu'elle avait semblé dédaigner pendant la guerre et le siège ou seulement effleurer du bout de son aile. Le 5 septembre 1873, expirait à l'hôpital civil et militaire de Vannes, Claude-Julien-Marie Penhouët, lieutenant en retraite de la garde nationale mobile du Morbihan, chevalier de la Légion d'honneur, âgé de 35 ans, blessé, ainsi qu'il a été relaté, au combat de la Malmaison, le 21 octobre 1870. Il n'avait eu que le bras cassé, mais cette blessure, par elle-même ou par les complications qu'elle amena, l'avait retenu à l'hôpital pendant toute la durée du siège. — Et moins de trois ans après sa blessure, il expirait prématurément. — Le commandant Patissier dut évidemment rendre les derniers devoirs à un officier pour lequel, par sympathie pour ses souffrances, sa blessure et l'injustice dont les suffrages électoraux l'avaient rendu victime, il semblait avoir une particulière prédilection entre tous les autres que ce noble militaire chérissait comme des amis, des enfants. — Et combien de soldats du 31e furent, ainsi que Penhouët, les victimes tardives de la guerre ! Leur nombre est et ne peut être qu'inconnu.

Six ans après la guerre, moins de quatre ans après Penhouët, ce fut le tour du commandant Patissier lui-même. Il était rentré dans la vie civile « modeste comme il en était « sorti. Fier du devoir accompli, heureux de ce qu'il avait « obtenu et fait pour son pays natal (1) ». On a tout lieu de croire que cette dernière campagne, la plus lamentable de toutes, lui fut aussi la plus fatale. Il mourut le 4 mars 1877, âgé de soixante ans seulement. Les fatigues de la guerre, la maladie qui l'avait forcé d'entrer à l'ambulance, et dont il avait plus ou moins bien guéri, ne furent-elles pour rien dans cette fin que l'on peut dire prématurée ? — Cela semble très probable, mais enfin il survécut six ans encore à cette guerre douloureuse. Il disparut sans bruit, type du soldat modeste

---

(1) Notice de quelques pages intitulée « *Charles Patissier* » parue vers 1877 (?) et signé E. B.

qui agit par devoir et grandeur d'âme, non pour la gloire et par ambition. L'écho des discours prononcés sur sa tombe, s'il y en eut, n'est point parvenu jusqu'à nous. Il est possible et probable que cet homme de grand cœur ait quitté la scène de ce monde comme le plus obscur des comparses ; mais si, de son vivant, les honneurs ne lui ont pas été prodigués, si en 1871 il est revenu dans ses foyers sans aucune décoration, sans aucune augmentation de grade et de retraite pour lui, il a pu emporter du moins dans sa tombe l'impérissable couronne des vertus militaires et privées. — Raviver ces souvenirs, évoquer de nouveau ces belles figures militaires ignorées, rien que cela justifierait cette notice. Il est agréable de pouvoir ainsi rendre quelques honneurs posthumes à ces héros obscurs et inconnus, héros par les petites choses plus peut-être que par les actions d'éclat. — « *Purpureos spargam flores* ».

Il est juste aussi de mentionner parmi les belles figures du 31e qui ont disparu de ce monde, le colonel Filhol de Camas, mort en novembre 1889 dans sa propriété de Rulliac en Saint-Avé. Il possédait vraiment de splendides états de service et appartenait à une génération militaire qui eût pu servir de trait d'union entre la belle armée de la Restauration, dans laquelle toutes les forces vives de la France, longtemps divisées et même opposées, s'étaient à nouveau refondues, et celle du Second Empire, si brillante au début, puis vers la fin tombant lamentablement en décadence. Élève de Saint-Cyr en 1832, Armand Filhol de Camas, fils de Jean-Edmond baron de Camas, général d'artillerie, commença par tenir cinq ans garnison dans le Midi comme sous-lieutenant, d'abord à Romans, puis à Perpignan. En 1839 il partit pour l'Algérie, théâtre d'inépuisables actions d'éclat et pépinière de vaillants officiers. Il y reste huit ans, pendant lesquels il est cité à l'ordre du jour après le combat de Souk-el-Midan, fait la campagne du Maroc et assiste dans les rangs du 15e léger à la bataille d'Isly. Sept ans de vie de garnison et il repart pour la Crimée. Là il combat à l'Alma, à Inkermann, à Sébastopol et à la fameuse prise de la tour Malakoff, où il est blessé et cité à l'ordre du jour. Le peintre Yvon lui donna même une place dans son célèbre tableau des galeries historiques de

Versailles. Encore sept ans de garnison et il va au Mexique comme colonel du 95ᵉ de ligne, et enfin il prendra sa retraite en 1865. Nous avons vu qu'en août 1870, après cinq ans de repos bien noblement gagné, il avait accepté avec un empressement vraiment digne d'admiration le soin d'organiser et de militariser un bataillon de mobiles, sans autre titre que celui de chef de bataillon. Sans doute, on ne saurait dire que cette noble abnégation et que ses nouveaux services aient été récompensés avec munificence, mais il fut peut-être un des moins oubliés. Dès le mois de novembre 1870 il exerça le commandement d'une brigade, il est vrai qu'on ne lui en conféra pas les étoiles ; en retour, il reçut, comme nous l'avons vu, la croix de commandeur.

On ne saurait oublier aussi Tillet, ce vrai brave, l'officier héroïque à la française. Il n'eut jamais grandes relations avec le 5ᵉ bataillon, même, semble-t-il, du temps où il commandait en titre le régiment du Morbihan tout entier. Mais il fut le *premier* et le *dernier* colonel du 31ᵉ. Parti avec le grade de simple chef de bataillon, il revint avec celui de *colonel ;* mais il avait reçu deux blessures, dont une grave ; il avait été mis une fois à l'ordre du jour de l'armée, dans les termes les plus élogieux, pour sa brillante conduite à la bataille du 30 novembre devant le parc de Villiers. On estima généralement qu'il n'avait pas été récompensé en proportion. — « Tout le « monde, — dit le capitaine du Bouëtiez de Kerorguen, — « s'attendait à voir la croix de commandeur de la Légion « d'honneur au cou du brave colonel qui, blessé à la tête de « son régiment, avait fait preuve de tant de courage et de « sang-froid, après avoir mérité, quelque temps auparavant, « d'être cité à l'ordre du jour pour sa conduite sur le plateau « de Villiers. Le régiment fut déçu dans son attente et le « titre de colonel, substitué à celui de lieutenant-colonel, fut « la seule récompense de cet homme dont le courage et « l'intelligence n'avaient d'égale que la modestie. » Nous ne savons rien de plus sur cette belle figure du 31ᵉ.

✠

**Épilogue**   En somme, un petit nombre de mobiles du 31ᵉ furent appelés à donner leur vie pour le pays sur le champ de bataille ; mais combien la donnèrent dans les hôpitaux de Paris, atteints par la petite vérole, les bronchites capillaires, les maladies des voies respiratoires, celles causées par la fatigue et la misère (1) ; combien surtout la donnèrent, après un délai plus ou moins long, dans les tristesses et les souffrances d'une vie qui s'en va peu à peu par suite des blessures reçues, des maladies contractées pendant le siège ou d'une santé profondément ébranlée par des privations presque surhumaines !

Maintenant, le régiment du Morbihan n'est plus qu'un souvenir à peine historique. Comme ses chefs, de Camas, Tillet, Patissier, il a passé aussi méritant que modeste. L'occasion lui a manqué d'accomplir des actions d'éclat qui sont quelquefois l'effet d'une surexcitation morale passagère, mais il a été une de ces troupes qui, faites de rien pour ainsi dire, avec des jeunes hommes sans aucune instruction militaire, de rares cadres exercés, ont pu en six mois prendre rang parmi les meilleures. Éloquent exemple de ce que des chefs vraiment dévoués et capables peuvent faire avec des Français, des Bretons !

---

(1) La 6ᵉ compagnie du 2ᵉ, par exemple, laissa à elle seule à Paris 26 hommes.

# LIVRE D'OR DU 31ᵉ MOBILES

*Promotions et Nominations*
*dans l'ordre national de la Légion d'honneur*
*à la suite des batailles et combats livrés sous Paris*

**Commandeur**

Le colonel DE CAMAS, Armand.

**Chevaliers**

*1ᵉʳ Bataillon* (LORIENT)

JULLIEN, Firmin, lieutenant à la 1ʳᵉ (Belz).
MARQUET, Adolphe, capitaine de la 2ᵉ (Lorient, 1ᵉʳ canton).

*2ᵉ Bataillon* (AURAY-VANNES)

HÉMELOT, Adolphe, capitaine de la 3ᵉ (Quiberon-Carnac).
DE CADOUDAL, Henri ancien capitaine de la 6ᵉ (Grand-Champ) décoré
    au titre du Morbihan.

*5ᵉ Bataillon* (VANNES)

BASSAC, Edmond, capitaine de la 2ᵉ (Elven).
DESGOULLES, Ange, capitaine de la 7ᵉ (Rochefort-en-Terre).
DE LAMARZELLE, Ernest, capitaine de la 6ᵉ (La Roche-Bernard).
PENHOUËT, Claude-Julien-Marie, lieutenant.

*Décorés de la Médaille militaire*

### 1er *Bataillon* (LORIENT)

LORIENT, Julien, adjudant du 1er bataillon.
LE GLOUAHEC, Eugène, sergent-major.
NÉVO, Eugène, sergent-fourrier.
JAVELET, Louis, sergent.
DUPUY, Joseph-Camille, sergent.
de LARCHER, Louis, sergent.
LE TOUËR, Léon, sergent.
ROUGNON DE MESTADIER, Ferréol, sergent.
FAVIN-LÉVÊQUE, Émile, sergent.
BLAYOT, Louis-Napoléon, caporal.
LE ROUX, Jean-Marie, garde.
PERSONNIC, Alexis, garde.

### 2e *Bataillon* (AURAY-VANNES)

LARIEU, sergent.
GICQUEL, sergent.
GUILLEVIN, François, sergent.
GUÉGAN, Timoléon, sergent.
LESTREHAN, Joseph, garde.

### 5e *Bataillon* (VANNES)

BROHAN, Pierre-Marie-Vincent, sergent-major.
LE MOHEC, Marc, sergent.
PHILIPPE, sergent.
DELANOË, Julien, caporal.
POISLASNE, Louis, garde.

## Citations

### Officiers et Sous-Officiers du 31ᵉ mis à l'ordre du jour

*Ordre du jour*

Le Gouverneur met à l'ordre du jour les noms des défenseurs de Paris appartenant à la garde nationale, à l'armée de terre et de mer, à la garde mobile et aux corps francs qui ont bien mérité du pays depuis le commencement du siège. Plusieurs ont payé de leur vie les services qu'ils ont rendus. Tous ont fait plus que leur devoir. Les témoignages de la gratitude publique seront la haute récompense de leur sacrifice et de leurs efforts...

Gᵃˡ TROCHU.
*Paris, le 19 novembre 1870.*

*Suit une liste de 78 noms parmi lesquels :*

MORBIHAN

FOUQUET, Auguste, médecin aide-major (du 5ᵉ bataillon). Très calme en pensant les blessés sous le feu de l'ennemi ; très dévoué, plein de zèle, a quitté la Malmaison le dernier.

LE MOHEC, Marc, sergent (2ᵉ compagnie du 5ᵉ bataillon). Blessé à la joue, est resté toute la journée à sa compagnie qu'il a enlevée par son entrain et sa bravoure.

---

*Ordre du jour*

Le Gouverneur de Paris met à l'ordre les noms des officiers, sous-officiers et soldats à qui leur bravoure et leur dévouement ont mérité ce haut témoignage de l'estime de l'armée et de la gratitude publique...

Gᵃˡ TROCHU.
*Paris, le 18 décembre 1870 (1).*

*Suit une liste de 82 noms parmi lesquels :*

31ᵉ régiment de la garde mobile (Morbihan).

TILLET, lieutenant-colonel. Le 30 novembre, à la tête de quarante hommes de son régiment, a pris et gardé une position dont tous les efforts de l'ennemi n'ont pu le déloger.

(1) Le Gouverneur pendant toute la durée du siège n'a publié que ces deux listes. — Les trois armées composant la garnison de Paris comptaient près de 350.000 hommes.

# 31ᴱ MOBILES

## ÉTAT NOMINATIF DES OFFICIERS
### ET
### COMPOSITION DES CADRES A LA FIN DU SIÈGE DE PARIS

*Colonel :*

M. TILLET, Marie-Paulin-Louis.

*Lieutenant-Colonel :*

M. BONNARD DU HANLAY, Gratien-Gabriel.

## 1ᵉʳ BATAILLON

*Chef de bataillon, commandant :*

M. DAUVERGNE, Henri-Gustave.

*Capitaine adjudant-major :*

M. BRONI, Édouard-Louis.

*Lieutenant officier-payeur :*

M. CHAMAILLARD, Louis.

*Médecin aide-major :*

M. le Docteur LE DIBERDER, Henri.

*Adjudant de bataillon :*

M. LORIENT, Julien.

## 1ʳᵉ Compagnie

### BELZ

| | |
|---|---|
| *Capitaine* | : M. QUINCHEZ, Georges. |
| *Lieutenants* | : JULLIEN, Firmin. |
| | : GERSANT, Alfred. |
| *Sous-Lieutenant* | : TESSOL, Ange. |
| *Sergent-major* | : LE GALO, Pierre. |
| *Sergent-fourrier* | : GUÉZEL, Jean-Pierre |

*Sergents* :

SOUZY, Ernest.
JAMES, Louis.

LE TOUER, Léon.
CHEVREAU, Émile.

*Caporaux* :

RAUD, Baptiste.
COURSEAUX, François.
LE GOFF, Louis.
SCANVIC, Pierre.

KERFILOUÉ, Louis.
LE VISAGE, Joseph.
AUFFRET, Jean-Marie.

## 2ᵉ Compagnie

### 1ᵉʳ CANTON DE LORIENT

(A reçu aussi un contingent des cantons de Pont-Scorff, Gourin, Faouet, Guémené et Cléguérec.)

| | |
|---|---|
| *Capitaine* | : M. MARQUET, Adolphe. |
| *Lieutenant* | : GUÉGAN, Pierre, officier d'habillement et d'armement. |
| *Sous-lieutenant* | : MARQUET, Charles. |
| *Sergent-major* | : LE GLOUAHEC, Eugène. |
| *Sergent-fourrier* | : JOUANNO. |

*Sergents* :

CARTRON, Baptiste.
FAUCHIER, Julien.

POGAM, Jean-Marie.
FAVIN-LÉVÊQUE, Émile.

*Caporaux* :

LE LESLÉ, Joachim.
FRAVAL, Étienne.
ÉZANNO, Jean-Marie.
LE QUER, Louis.
STÉPHANT, Jean-François.

RUSTUEL, Jean-Louis.
LE BOUÉDEC.
BLAYOT, Louis-Napoléon.
GARREC, Pierre-Marie.

### 3ᵉ Compagnie

#### 2ᵉ CANTON DE LORIENT

(A reçu aussi un contingent des cantons de Josselin, Malestroit, Mauron, Ploërmel, Saint-Jean-Brévelay et La Trinité-Porhoët.)

| | |
|---|---|
| *Capitaine* | : M. DU BOUETIEZ DE KERORGUEN, Alphonse. |
| *Lieutenant* | : NAYEL, Auguste. |
| *Sous-lieutenant* | : DE PERRIEN, Raoul. |
| *Sergent-major* | : DE BERNARDIÈRES, Émile. |
| *Sergent-fourrier* | : LE FLOCH, Alexandre. |

*Sergents* :

BOY, Ludovic.
SAVOT, Philibert.
DURAND, Émile.
CAIGNAN, Jules.

*Caporaux* :

JÉGO, Jean-Marie.
LE COUPANEC, François-Marie.
RAOUL, Jean-Marie.
RIALAND, Émile.
HOREL, Jean-Marie.
RIVALAIN, Jean-Marie.
LUCAS, Jean-Marie.
GAUTHIER, Théodore.
LE LAN, Pierre.

### 4ᵉ Compagnie

#### 2ᵉ CANTON DE LORIENT

(A reçu aussi un contingent des cantons de Josselin, Malestroit, Mauron, Ploërmel, Saint-Jean-Brévelay et La Trinité-Porhoët.)

| | |
|---|---|
| *Capitaine* | : M. LE DIBERDER, Alphonse. |
| *Sous-lieutenant* | : SALOMON-KAN, Alphonse. |
| *Sergent-major* | : GOSSE, Edmond. |
| *Sergent-fourrier* | : PUREN, Emmanuel. |

*Sergents* :

LE NEPVOU DE CARFORT, Christop.
ÉON, Lucien.
LE PONTOIS, Amédée.
RAOUL, Mathurin.

*Caporaux* :

LE CAIGNEC, Olivier.
PHILIPPE, Yves-Marie.
ÉZANO, Pierre-Marie.
LE GUIN, Yves ;
PINCOLLÉ, Jean-Marie.
PORTIER, Joseph.
LE MOING, Jean-Marie.
PROVOST, Joseph.
LE TORRE, Auguste.

## 5ᵉ Compagnie

### PLOUAY

| | |
|---|---|
| *Capitaine* | : M. DUAULT. Hippolyte. |
| *Lieutenant* | : MARSILLE, Louis. |
| *Sous-lieutenant* | : SALVY, Charles. |
| *Sergent-major* | : JEGOUDEZ, Léon. |
| *Sergents-fourriers* : | AVENEL, Eugène. |
| | NÉVO, Eugène. |

*Sergents :*

ROUGNON DE MESTADIER, Ferréol.  LE SAGE, Paul.
BRIAND, François.  POUZOULIC.

*Caporaux :*

NIGNOL, Julien.  LE CORRE, Joseph.
ROYANT, Joseph.  CABIDOCHE, Marc.
COIGNELLE, Pierre.  BELLEC, Yves.
DRÉANNIC, Léopold (disparu le 21  FOULER, Pierre.
décembre, présumé tué à l'ennemi).

## 6ᵉ Compagnie

### PONT-SCORFF

| | |
|---|---|
| *Capitaine* | : M. RICHARD, Ernest. |
| *Lieutenants* | : POIROT, Ernest-Charles. |
| | DE PLUVIÉ, Auguste. |
| *Sous-lieutenant* : | DE PERRIEN, Gustave. |
| *Sergent-major* : | CORITON, Julien. |
| *Sergent-fourrier* : | COEFIC, Joseph. |

*Sergents :*

DUPUY, Joseph-Camille.  DE LARCHER, Louis.
GALLOIS, Émile.  LE GURUDEC, Guillaume.

*Caporaux :*

BOCHER, Pierre-Marie.  LE PORT, Louis.
CAIGNEC, Dominique-Jean.  LE BORGNE, Adolphe.
BLÉVEC, Henri.  HÉNAFF, François.
MORIN, François.  LE BAIL, Vital.

## 7ᵉ Compagnie

### PORT-LOUIS

(A reçu aussi un contingent des cantons de Pont-Scorff, Gourin, Faouët, Guémené et Cléguérec).

| | |
|---|---|
| *Capitaine* | : M. LE PONTOIS, Philippe-Eugène. |
| *Lieutenant* | : ROBERT, Luc. |
| *Sous-lieutenants* : | ROPERT, Albert. |
| | HOMON, Ernest. |
| *Sergent-major* : | FOUYER, Eugène. |
| *Sergent-fourrier* : | RÉMY, Adolphe. |

*Sergents* :

LE BRUN, Alphonse.  
GUILLERME, Achille.  
ANTOINE, Louis.  
PROSPER.  
JAVELET, Louis.

*Caporaux* :

SERVOISE, Laurent.  
MICHEL, Julien.  
ÉVANNO, Jean-Louis.  
GUYONVARCH, Joseph-Marie.  
QUILLIEN.  
TOULLIOU.  
LE BRISE, François (1).

---

(1) *Le bataillon de Lorient....* par A. du Bouëtiez de Kerorgüen, op. cit.

## 2ᵉ BATAILLON

*Chef de bataillon, commandant :*

M. BURIEL, Michel.

*Capitaine adjudant-major :*

M. ROQUES, Auguste-Célestin.

*Lieutenant officier-payeur :*

M. TANGUY, Étienne-Marie.

*Médecin aide-major :*

M. le docteur MAURICET, Alphonse.

*Adjudant de bataillon :*

M. CLUIQ.

### 1ʳᵉ Compagnie

AURAY

*Capitaine*       : M. DE CADOUDAL, Marie-Ange-Georges.
*Lieutenant*      : KOLB, Joseph.
*Sous-lieutenant* : HERVÉ, Jean-Marie-Denis, off. d'hab. et d'armemt.
*Sergent-major*   : JORRE.
*Sergent-fourrier*: LOIREC.

*Sergents :*

SÉVENO, Auguste.              BONNAUD, Armand.
FORGES, Guy-Marie.            CONAN, Charles ff.-vaguemestre.

*Caporaux :*

HENRIO, Jean-Vincent.         LE DENMAT, Joseph.
DREAN, Pierre-Marie.          BUISSON, Armand.
CRABOT, Jean-Marie.           GUILLOU, Joseph.

## 2ᵉ Compagnie

### HENNEBONT

*Capitaine* : M. SAULNIER, Armand-François.
*Lieutenant* : QUÉRO, Joseph.
*Sous-lieutenant* : MAUVIEL DE LAGRANGE, Arthur (1).
*Sergent-major* : LE BEAU, Cyprien.
*Sergent-fourrier* : FRINAULT, Louis.

*Sergents* :

LARRIEU.                GICQUEL.
DUGUÉ.                  GUILLEVIN, François.

*Caporaux* :


## 3ᵉ Compagnie

### BELLE-ILE

*Capitaine* : M. DUPAQUET, Julien.
*Lieutenant* : GUILLEVIC, Louis-Marie-Toussaint.
*Sous-lieutenant* : LE TOULLEC, Pascal.
*Sergent-major* : GÉNIN.
*Sergent-fourrier* : PLÉDRAN, Arthur.

*Sergents* :

GUÉGAN, Timoléon.       DORSO.
GRAVELOT.               VIOLLAIN.

*Caporaux* :

PILLARD.                LESON.
LE GOFF.                VIENNÈS.
GULDEC.                 JACOB, Joseph.

(1) Décédé à la fin du siège ou peu de temps après.

## 4ᵉ Compagnie

PLUVIGNER

*Capitaine* : M. AUDRAN, Julien.
*Lieutenant* : VACHERIE, Alfred-Louis-Marie.
*Sous-lieutenant* :
*Sergent-major* : LAFERRIÈRE.
*Sergent-fourrier* :

*Sergents* :

GRANGIEN, Émile.

*Caporaux* :

## 5ᵉ Compagnie

QUIBERON-CARNAC

*Capitaine* : M. HÉMELOT, Adolphe.
*Lieutenant* : RIO, Louis-Marie.
*Sous-lieutenant* : CARIS, Hippolyte-Edouard-Marie (1).
*Sergent-major* : NIZERY, Louis.
*Sergent-fourrier* :

*Sergents* :

*Caporaux* :

---

(1) Décédé à la fin du siège ou peu de temps après.

### 6ᵉ Compagnie

#### GRANDCHAMP

| | |
|---|---|
| *Capitaine* | : M. JÉGO, Félix-Marie. |
| *Lieutenant* | : DEVIER, Pierre-Marie. |
| *Sous-lieutenant* | : LE GUÉNÉDAL, Joseph-Marie. |
| *Sergent-major* | : JAVOURAY, Joseph. |
| *Sergent-fourrier* | : BOUDAT. |

*Sergents :*

PICAUD, Joachim.  GROJO.
VALLATTE, Isidore.  GUILLAUME, Jean-Antoine.

*Caporaux :*

BERGER, François.  PETIT, Jean.
DREAN, Jean-Marie.  BRIENT.
TOURNILLON, Jean-Marie.  GOUSSET.
LANGLAIS.  CALONEC, Pierre.

### 7ᵉ Compagnie

#### SARZEAU

| | |
|---|---|
| *Capitaine* | : M. DE FRANCHEVILLE, Alban. |
| *Lieutenant* | : DONDEL DE KERGONANO, Olivier. |
| *Sous-lieutenant* | : BON, Bernard-Joseph-Marie. |
| *Sergent-major* | : JAVOURAY, Jean-Marie. |
| *Sergent-fourrier* | : |

*Sergents :*

*Caporaux :*

## 5ᵉ BATAILLON

*Chef de bataillon, commandant* :

M. PATISSIER, Charles-Jean-Julien.

*Capitaine adjudant-major* :

M. MEILLET, Louis.

*Lieutenant officier-payeur* :

M. du COSQUER, Arthur.

*Médecin aide-major* :

M. le docteur FOUQUET, Auguste.

*Adjudant de bataillon* :

M. JAQUOLOT, Auguste.

*Tambour-maître* : BERTHO.   *Caporal clairon* : TRÉMANT.

### 1ʳᵉ Compagnie

ALLAIRE

| | |
|---|---|
| *Capitaine* : | M. de KERARMEL, Alexandre. |
| *Lieutenant* : | |
| *Sous-lieutenant* : | CHARIER, Amand. |
| | FASSIO, Louis. |
| *Sergent-major* : | GUILLO, Émile. |
| *Sergent-fourrier* : | CLÉMENCIN. |

*Sergents* :

LOGET, Pierre.                        BERNALLIN, Prosper.
QUENNEC, Théophile.          NORMAND, Charles, f. f. vag$^{tre}$.
TRIDON DE REY, Léopold.

*Caporaux* :

JOSSO.                    PETELAUD.
MARTIN.                 LE BOLLOCH.
JEAN.                     LE CORRE, Louis-Mathurin.

## 2ᵉ Compagnie

### ELVEN

*Capitaine* : M. BASSAC, Edmond.
*Lieutenant* : PEYRON, Camille-Louis.
*Sous-lieutenant* :
*Sergent-major* : Guyodo, Joseph.
*Sergent-fourrier* : Martin, Désiré (du Cosquéric).

*Sergents* :

Le Mohec, Marc.                    Bocherel.
Gilet.                             Brétéché.

*Caporaux* :

Le Guével.                         Le Brun.
Hercouet, Pierre-Marie.            Thomassin.
Guillerme.                         Le Barbier.
Renaud.                            Fourraze.
Bertho, *tambour-maître.*

## 3ᵉ Compagnie

### LA GACILLY

*Capitaine* : M. LADURÉ, Joseph.
*Lieutenant* : MORIN, Pierre-Marie-Désiré.
*Sous-lieutenant* : BIDAULT, Émile.
*Sergent-major* : A. Le Poitvin.
*Sergent-fourrier* : Rondouin, Jean-Marie.

*Sergents* :

Garo, Julien.                      Philippe.
Jéhanno.                           Meyer, Aimé.

*Caporaux* :

Holard.                            Sergent, Charles.
Lelay, Mathurin.                   Poirier.
Autier.                            Caudal, Joseph.
Millès.

## 4ᵉ Compagnie

### MUZILLAC

| | |
|---|---|
| *Capitaine* | : M. LE PENNEC, Auguste. |
| *Lieutenant* | : PENDU, François. |
| *Sous-lieutenant* | : LE VISAGE, Pierre-Michel. |
| *Sergent-major* | : DELPONT. |
| *Sergent-fourrier* | : MAUDUIT, Urbain. |

*Sergents* :

DELANOË, Gabriel.     GUILLEVIC.
CHAUVEL, Louis.

*Caporaux* :

FEUVRET.     TRÉMANT.
POCREAU,     NICOL.
CORVEC, François.     BERTY.

## 5ᵉ Compagnie

### QUESTEMBERT

| | |
|---|---|
| *Capitaine* | : M. TOUPRIANT, Pierre. |
| *Lieutenant* | : D'ANDIGNÉ, Charles. |
| *Sous-lieutenant* | : BROHAN, Pierre-Marie-Vincent. |
| *Sergent-major* | : HOMET. |
| *Sergent-fourrier* | : |

*Sergents* :

DANIEL.     JUBIN.
TORLAY, Jean.     RIVIÈRE, Louis.

*Caporaux* :

SOREL.     PROVOST.
PICHOT.     JOUANNIC, Jean-Marie.
RUAUD.     GUYOMARD.

## 6ᵉ Compagnie

### LA ROCHE-BERNARD

| | |
|---|---|
| *Capitaine* | : M. DE LAMARZELLE, Ernest. |
| *Lieutenant* | : CARADEC, Auguste. |
| *Sous-lieutenant* : | SOUVEYRAS, Marius. |
| *Sergent-major* : | FRABOULET. |
| *Sergent-fourrier* : | GUIBERT DE VALORY, Henri. |

*Sergents* :

NÈGRE, Dominique.                DALPHIN.
DUBOIS.                          VIGNARD.

*Caporaux* :

ROBERT, Jean-Marie.              PIQUEL.
PAGNEAU.                         BUCAS, Joseph.
DELAUNAY.                        ROBERT.
RABJEAU.                         TRÉMANT, *caporal clairon*.

## 7ᵉ Compagnie

### ROCHEFORT-EN-TERRE

| | |
|---|---|
| *Capitaine* | : M. DESGOULLES, Ange. |
| *Lieutenant* | : DE KEYSER, Paul. |
| *Sous-lieutenant* : | MEYER, Armand, officier d'hab$^t$ et d'armement. |
| *Sergent-major* : | HOURTIC. |
| *Sergent-fourrier* : | LACAMBRE. |

*Sergents* :

F. COSTARD.                      BOUËDO.
JAGUT.                           REGARD.

*Caporaux* :

MASSERON.                        DUVAL.
ROUSSEL.                         HERVÉ.
MAHÉ.                            BOULO.
LE MOYEC.

Nous prions les lecteurs de vouloir bien excuser les inexactitudes et les lacunes qu'ils pourraient relever dans ce récit. Chez beaucoup d'anciens témoins de la guerre, les impressions et les images de ce temps déjà lointain ont fini peu à peu par s'endormir dans la mémoire; mais il suffit d'une circonstance évoquée, d'un détail lu en passant pour que l'une d'elles comme rappelée se redresse et réveille toutes ses voisines. C'est, en somme, une histoire continuellement à retoucher. Nous ignorons si elle sera jamais tout à fait définitive ; mais si quelque personne se sentait à même d'en refaire un exposé plus complet que celui-ci, avec moins d'omissions, avec une nomenclature plus étendue et moins incertaine des victimes et des héros obscurs, nous l'y engagerions bien volontiers et nous la verrions avec satisfaction puiser aussi librement dans ce travail que nous l'avons fait nous-mêmes dans l'opuscule contemporain de la guerre écrit par le capitaine du Bouëtiez de Kerorguen.

Avant tout la vérité ! avec l'hommage légitime, le plus étendu, le plus circonstancié et le plus juste possible au dévouement et aux mérites de tous ceux qui ont bravement combattu et souffert dans les rangs du 31ᵉ mobiles !

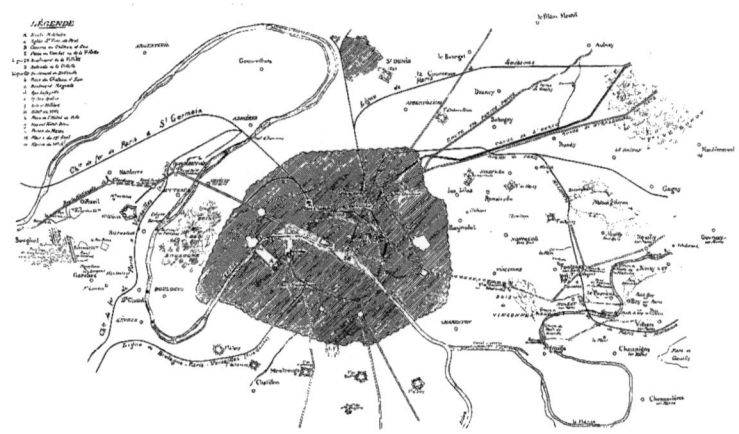

155